Copyright © 2020,Libro da colorare per adulti

di

Editori Libri Antistress

Tutti i diritti riservati.

Pagina di anteprima

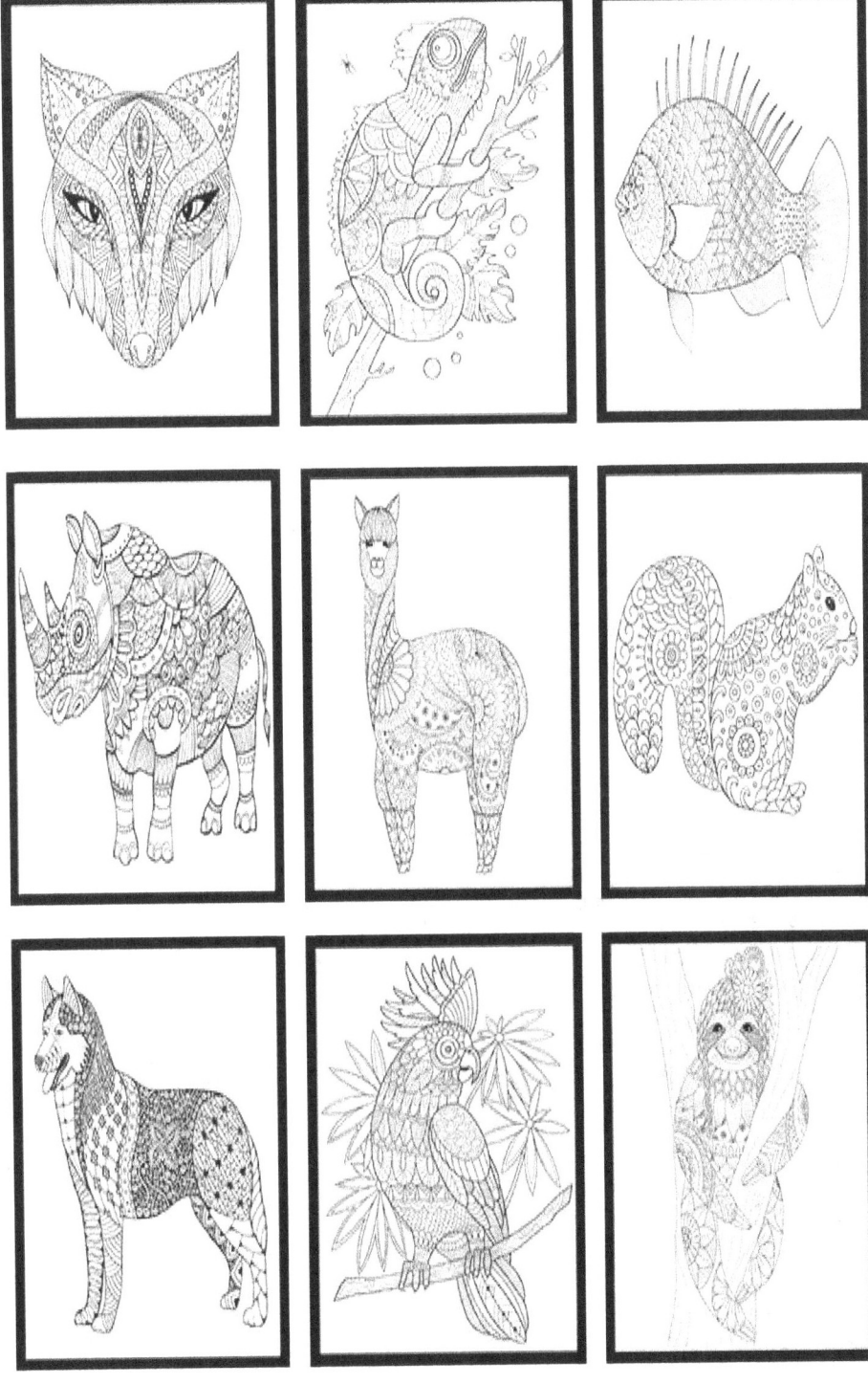

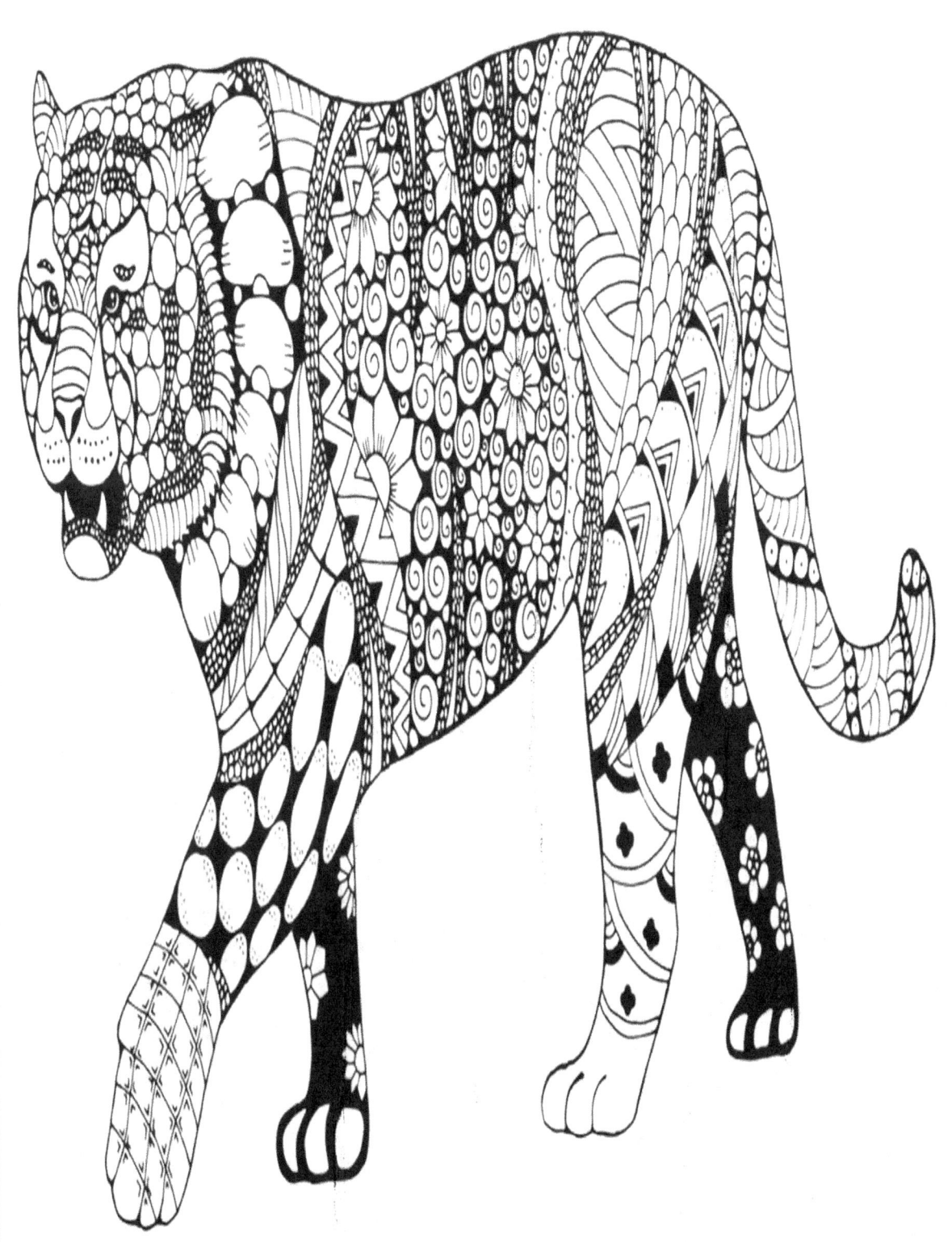

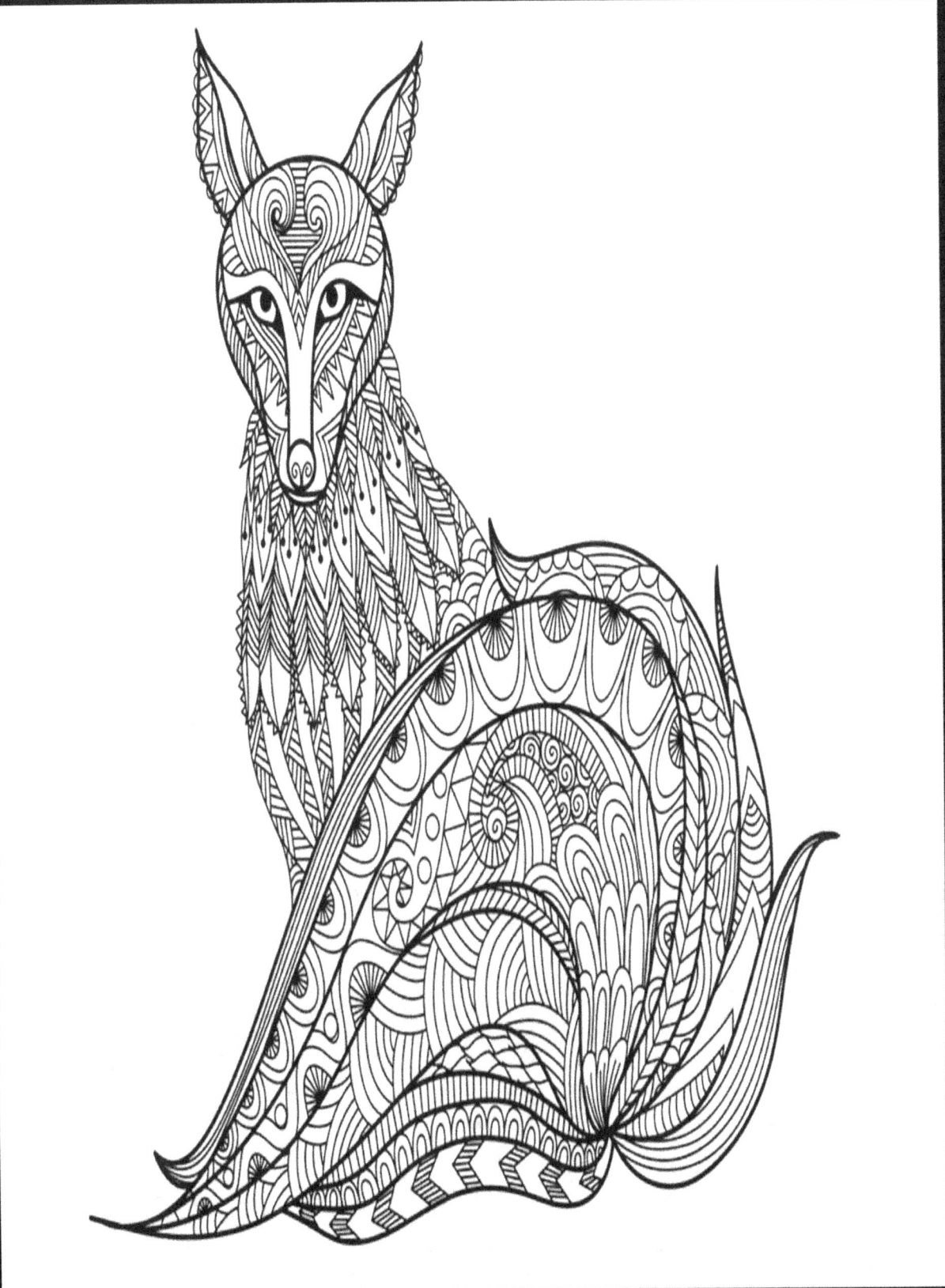

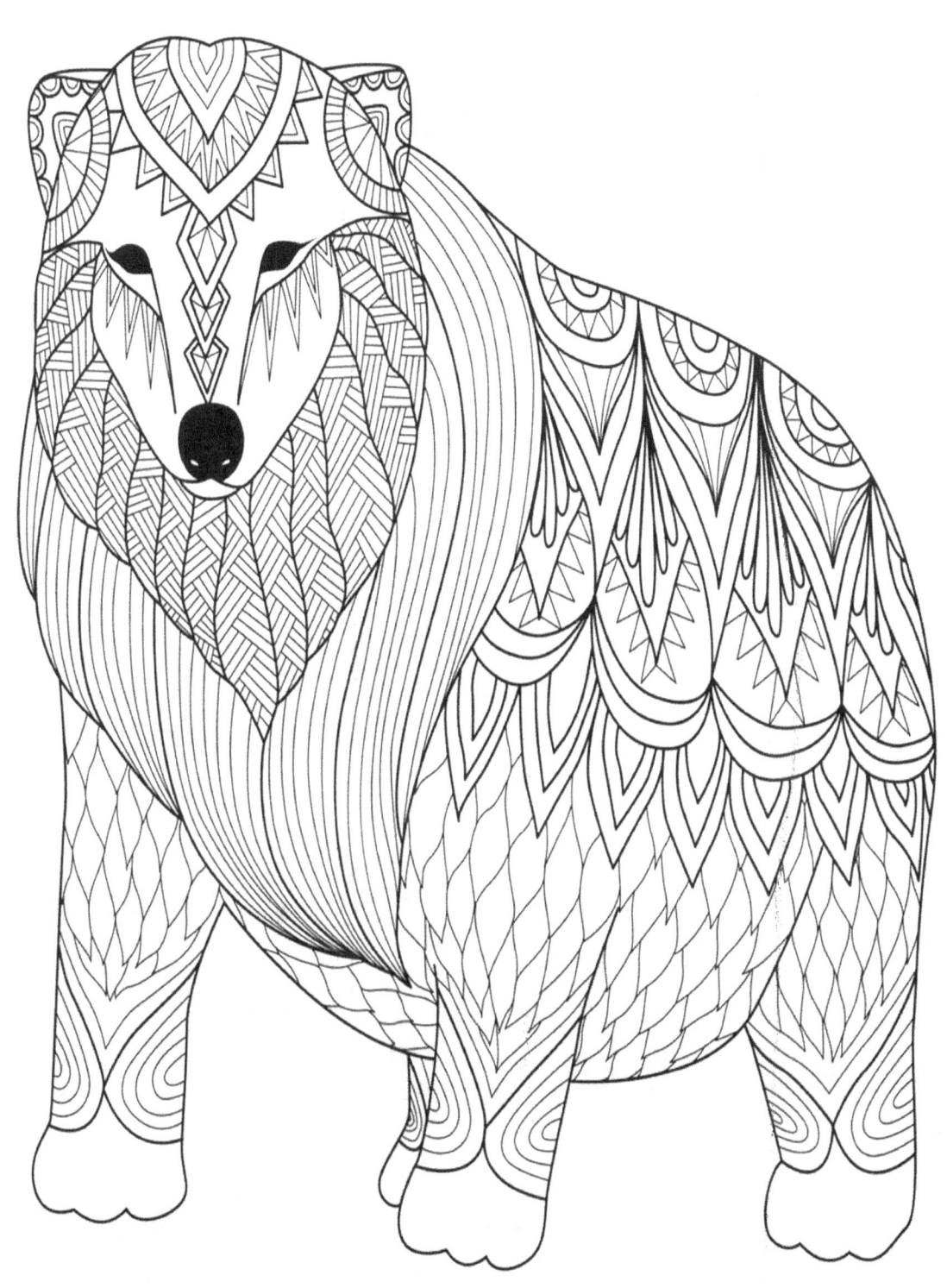

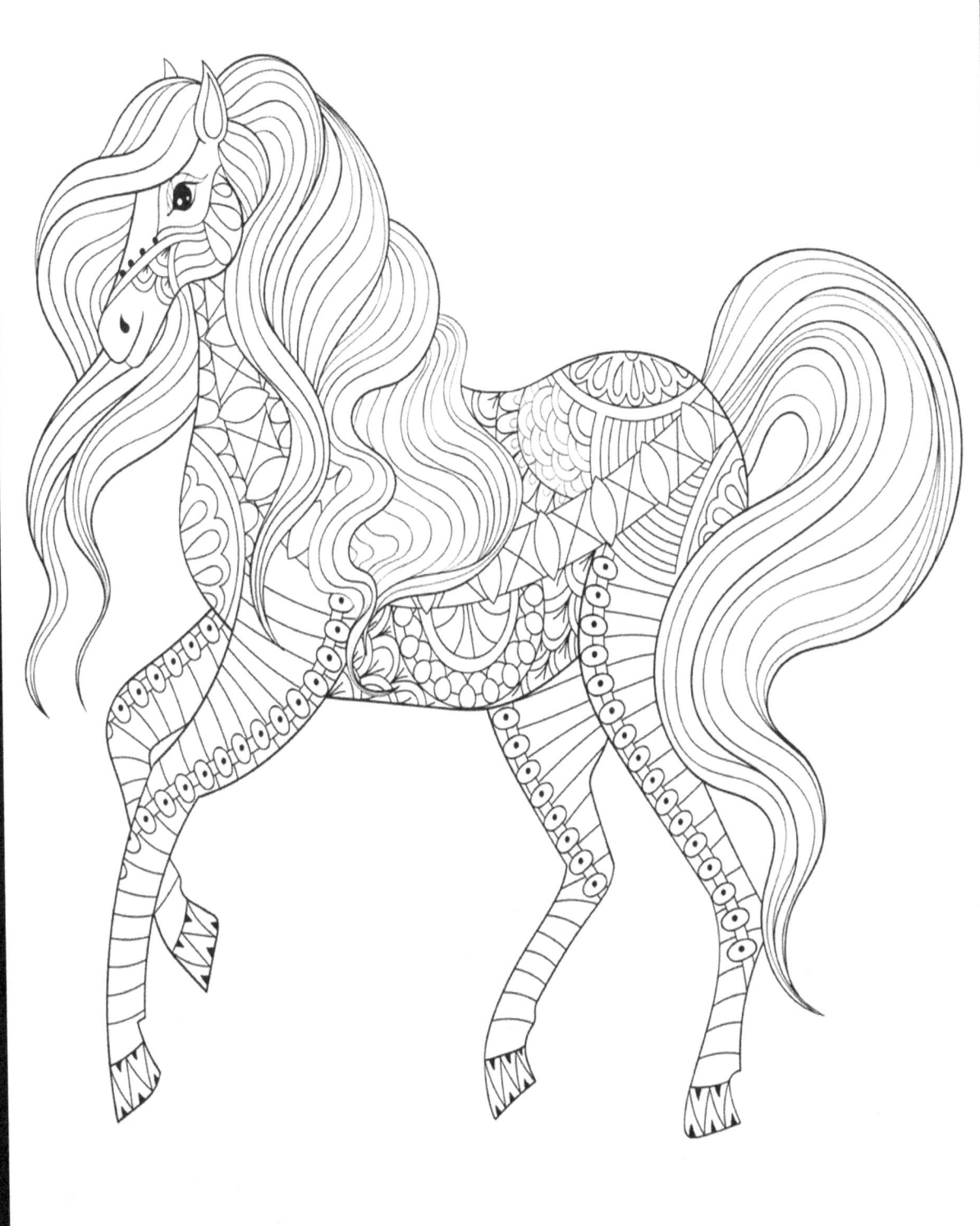

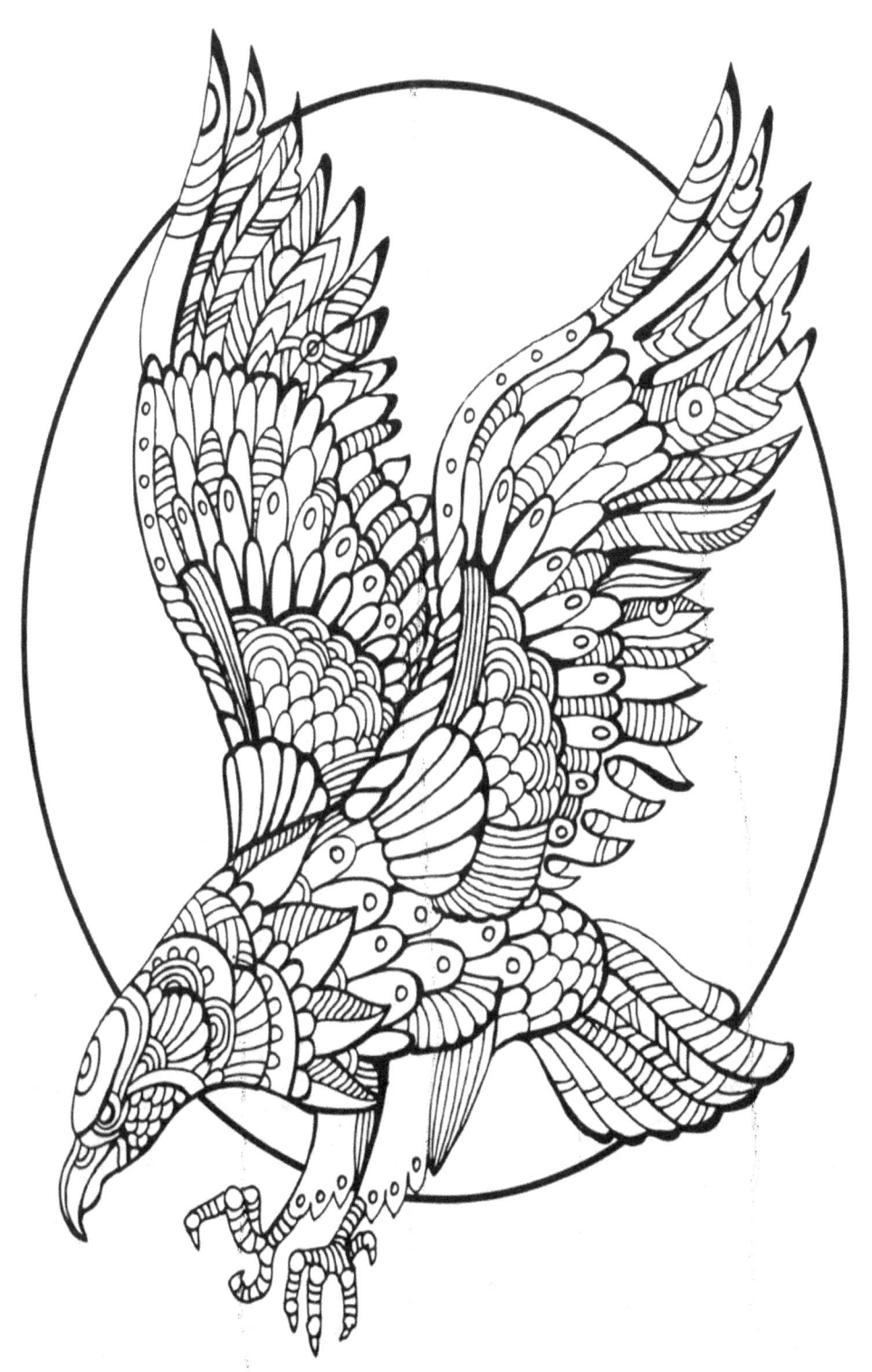

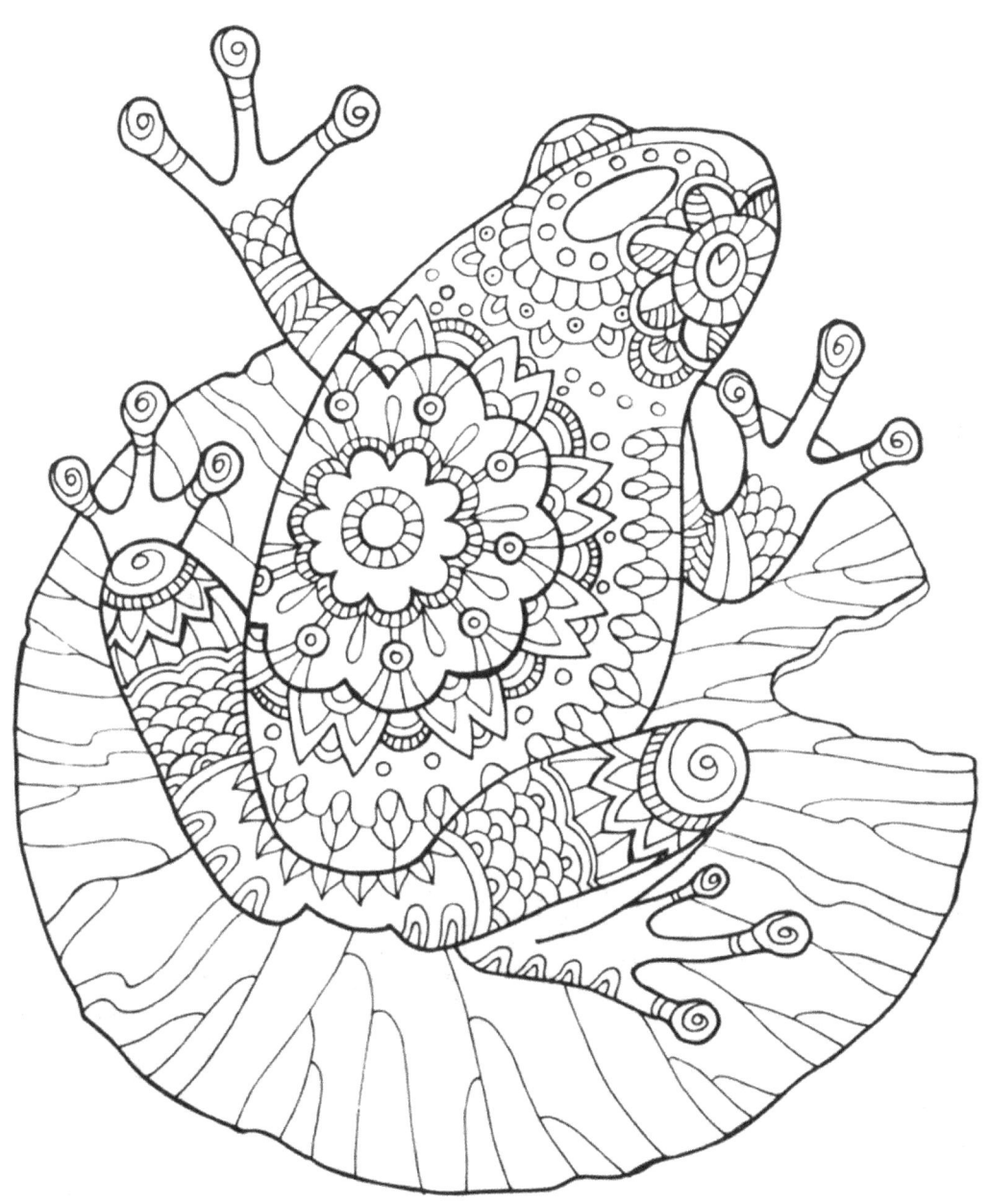

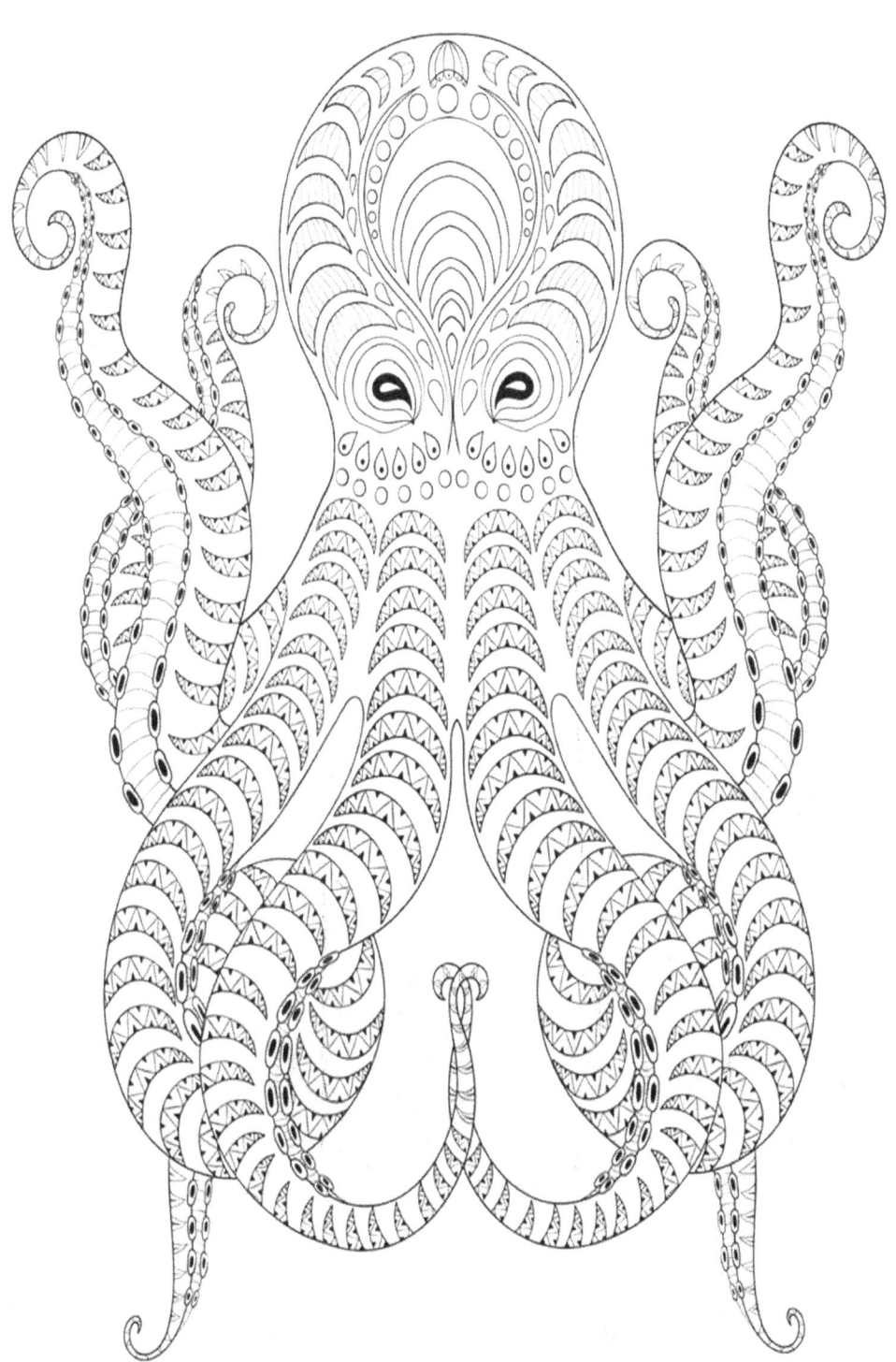

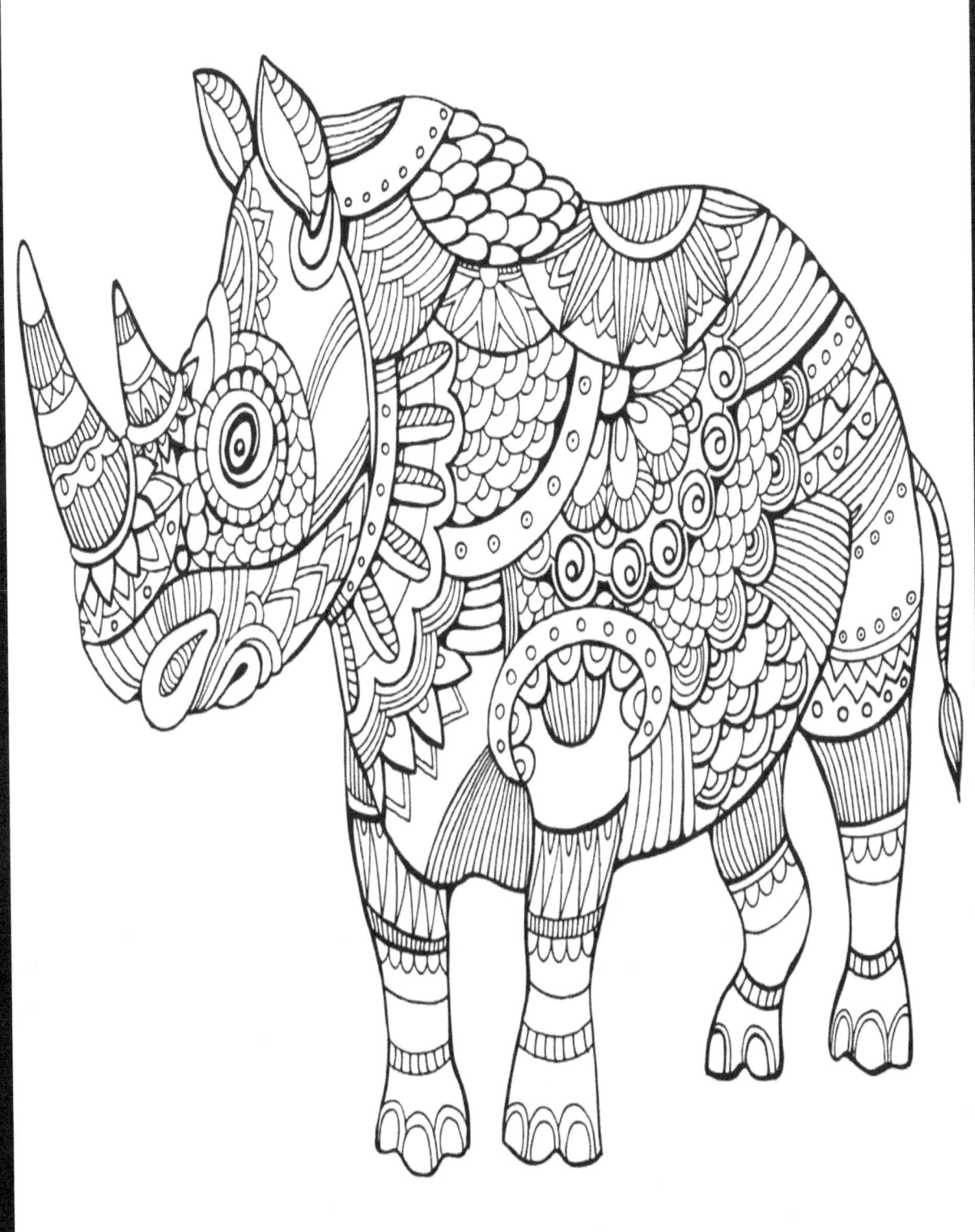

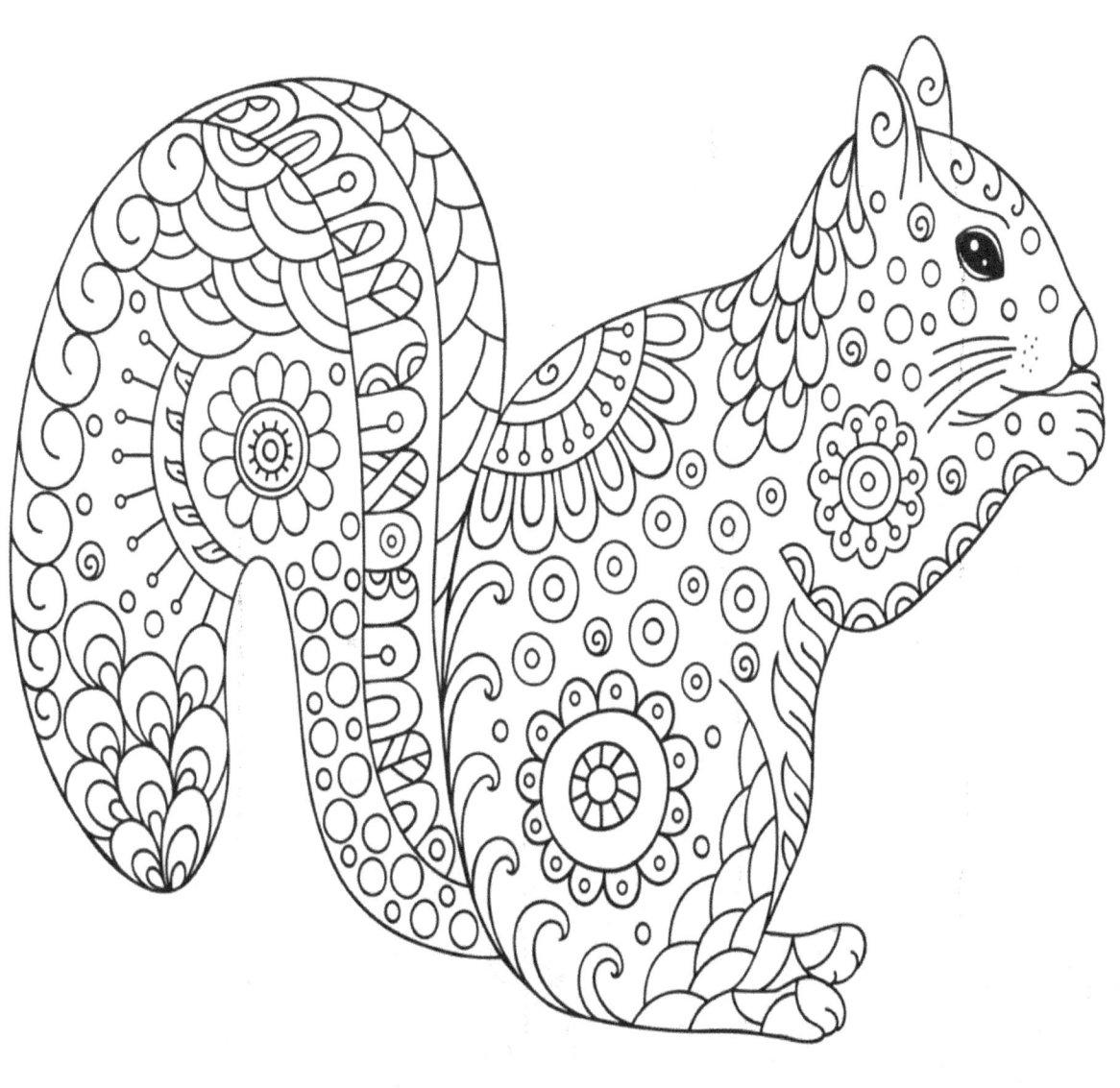

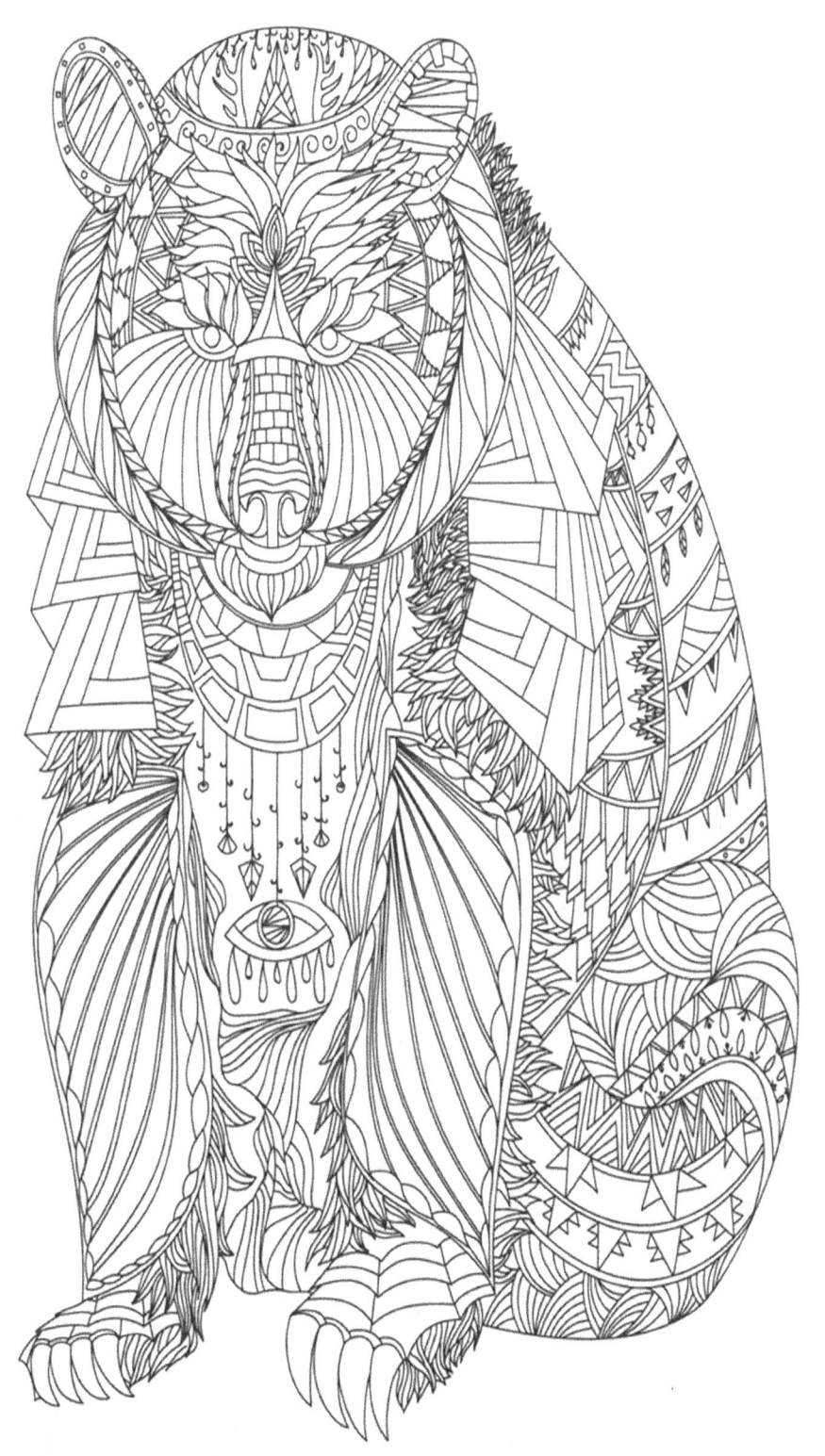

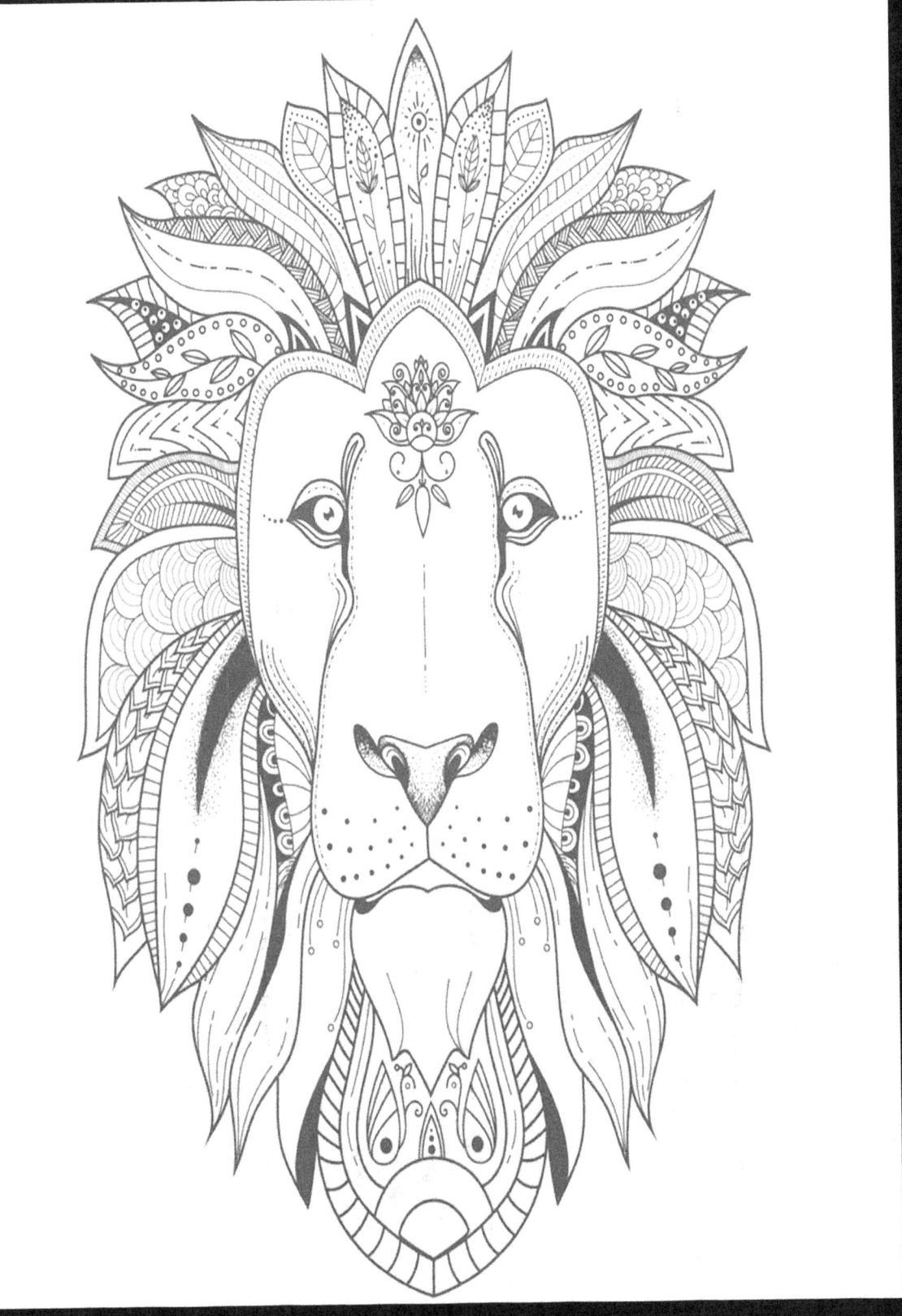

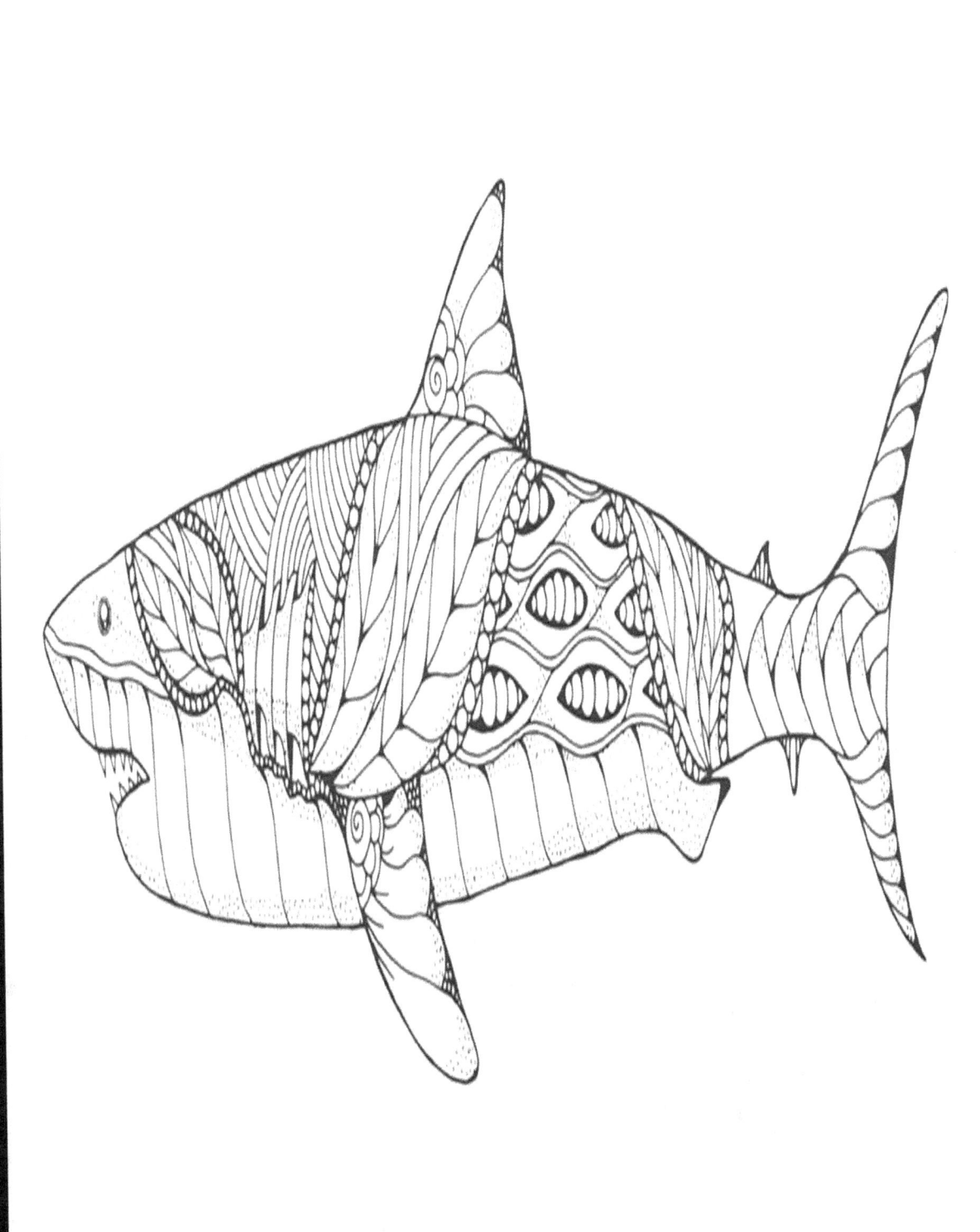

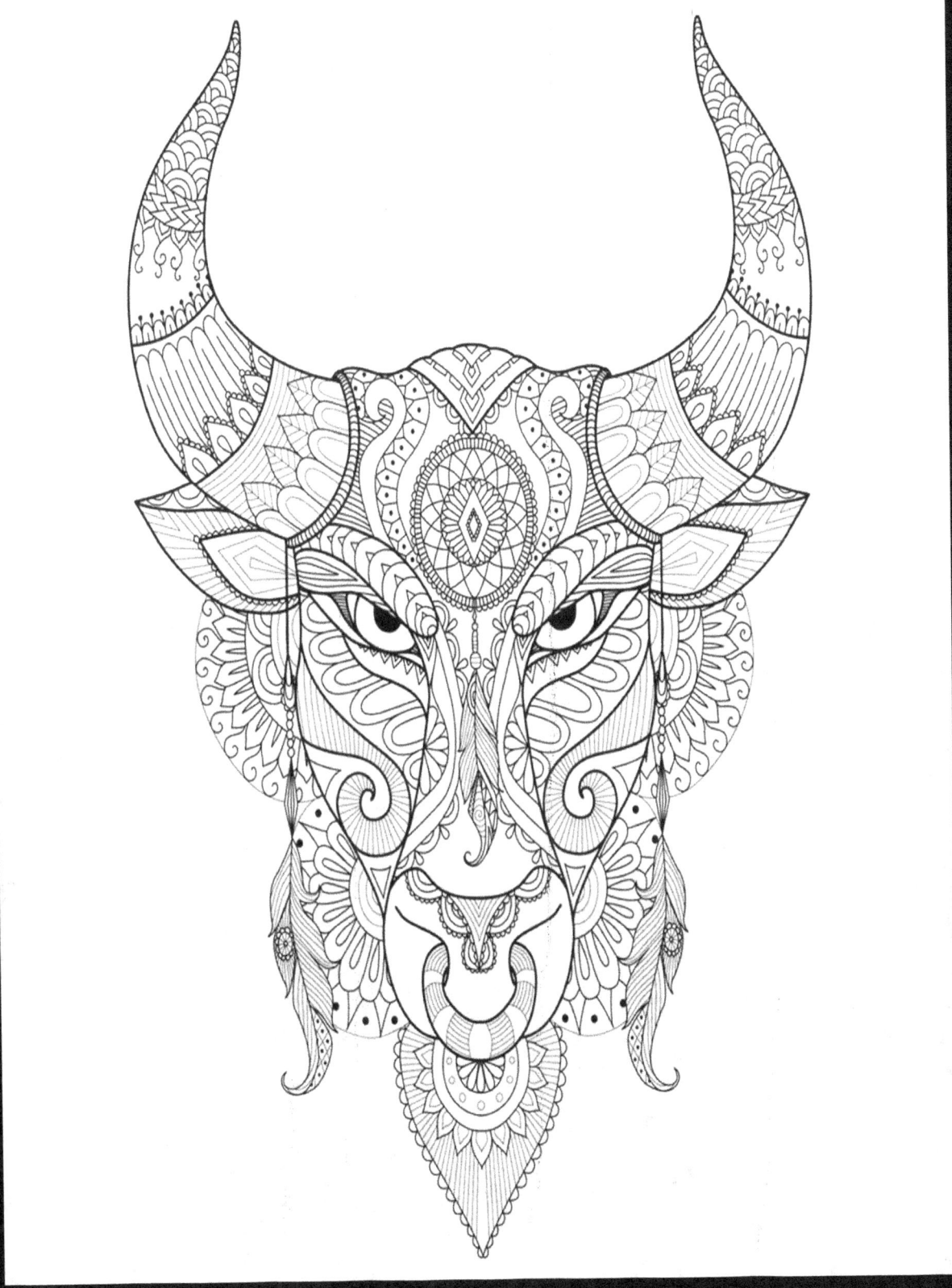

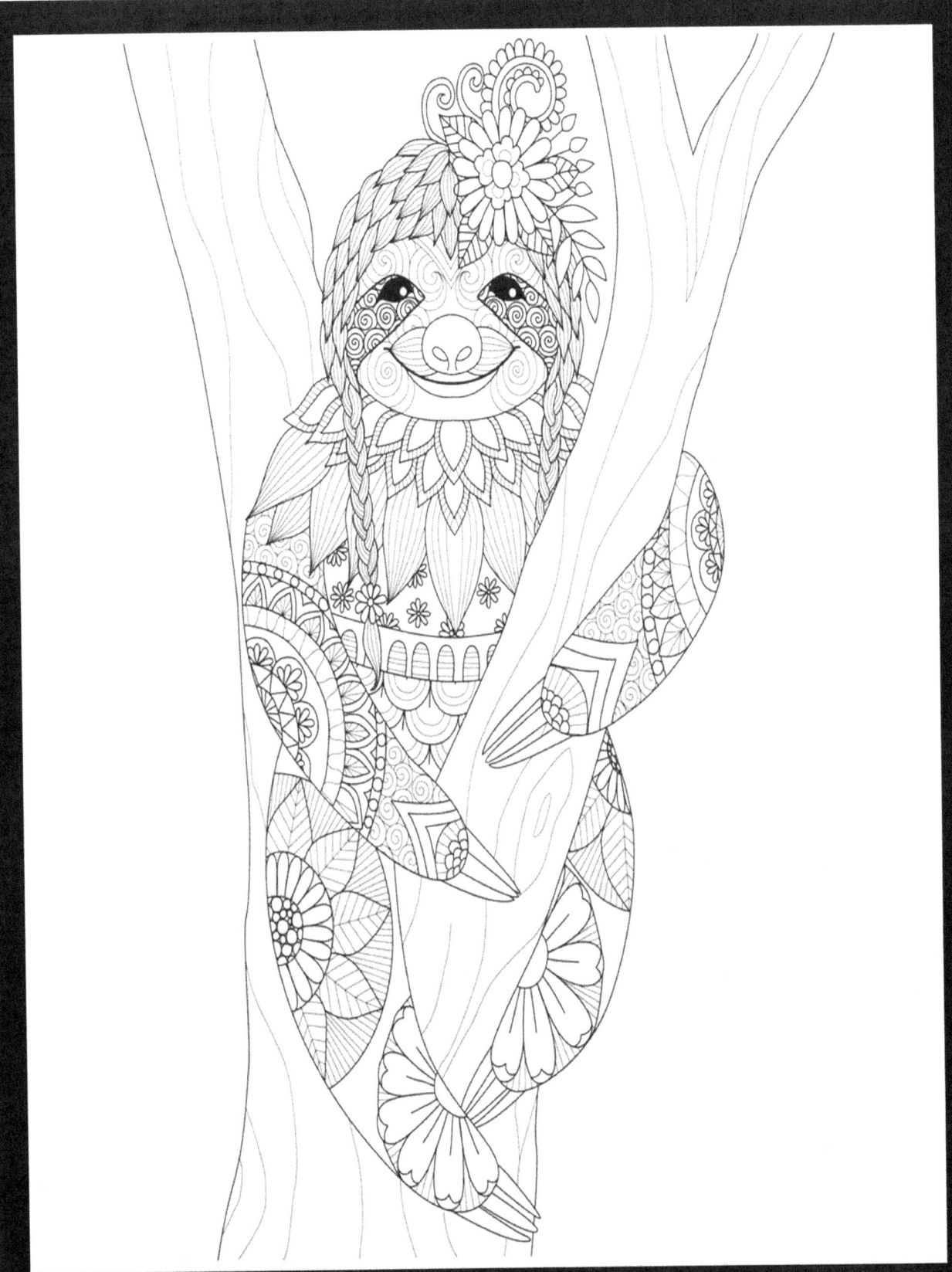

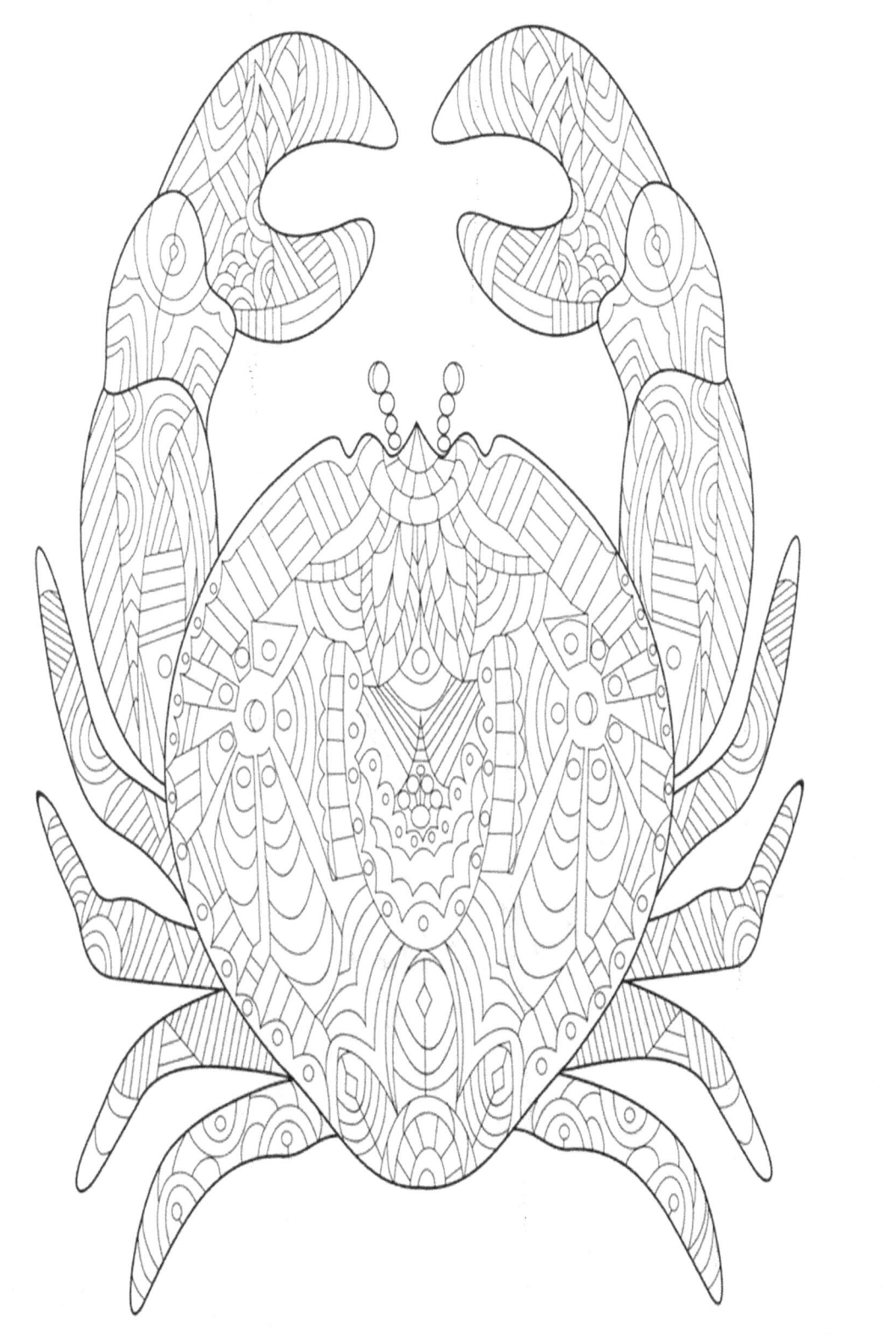

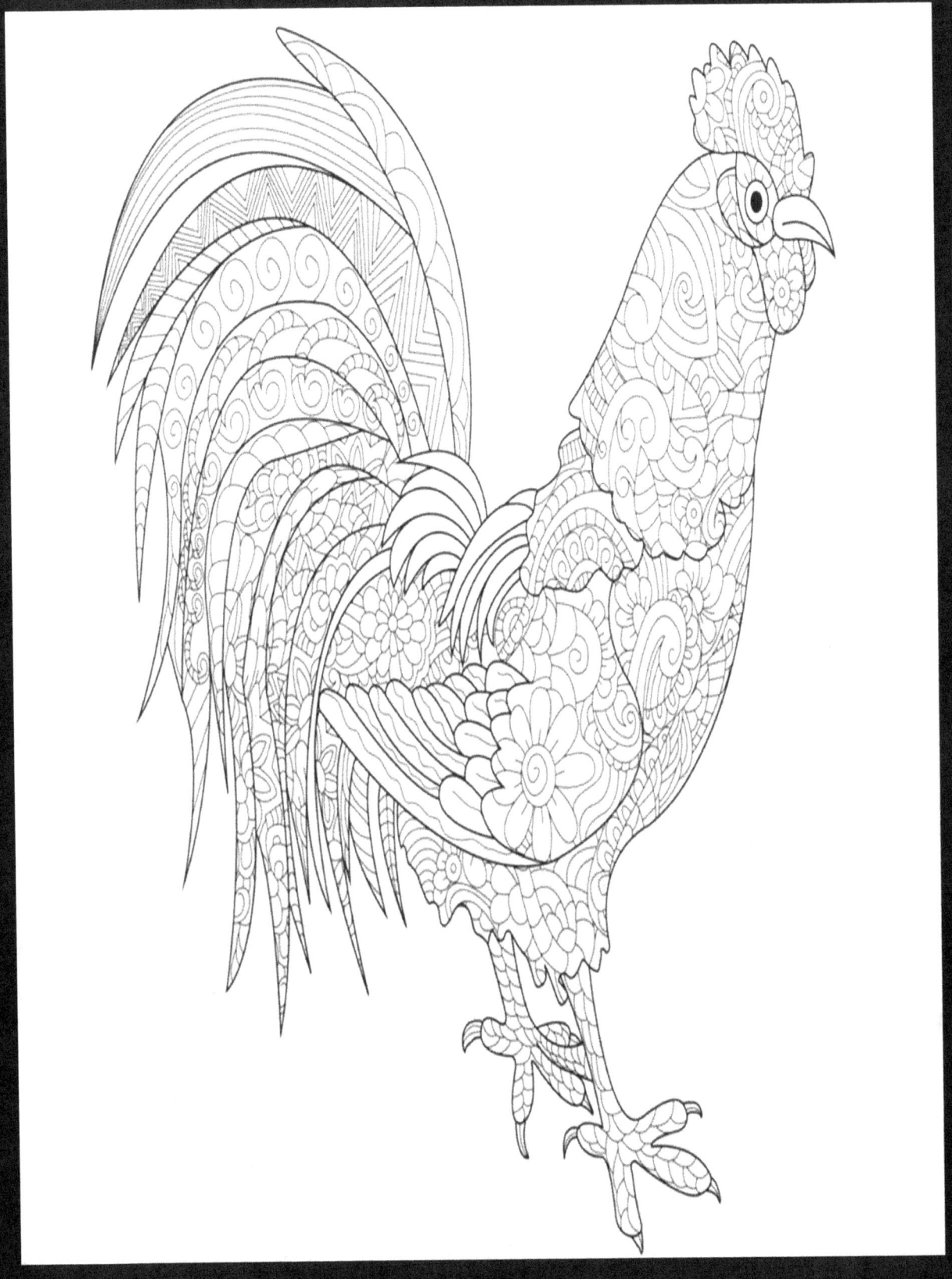

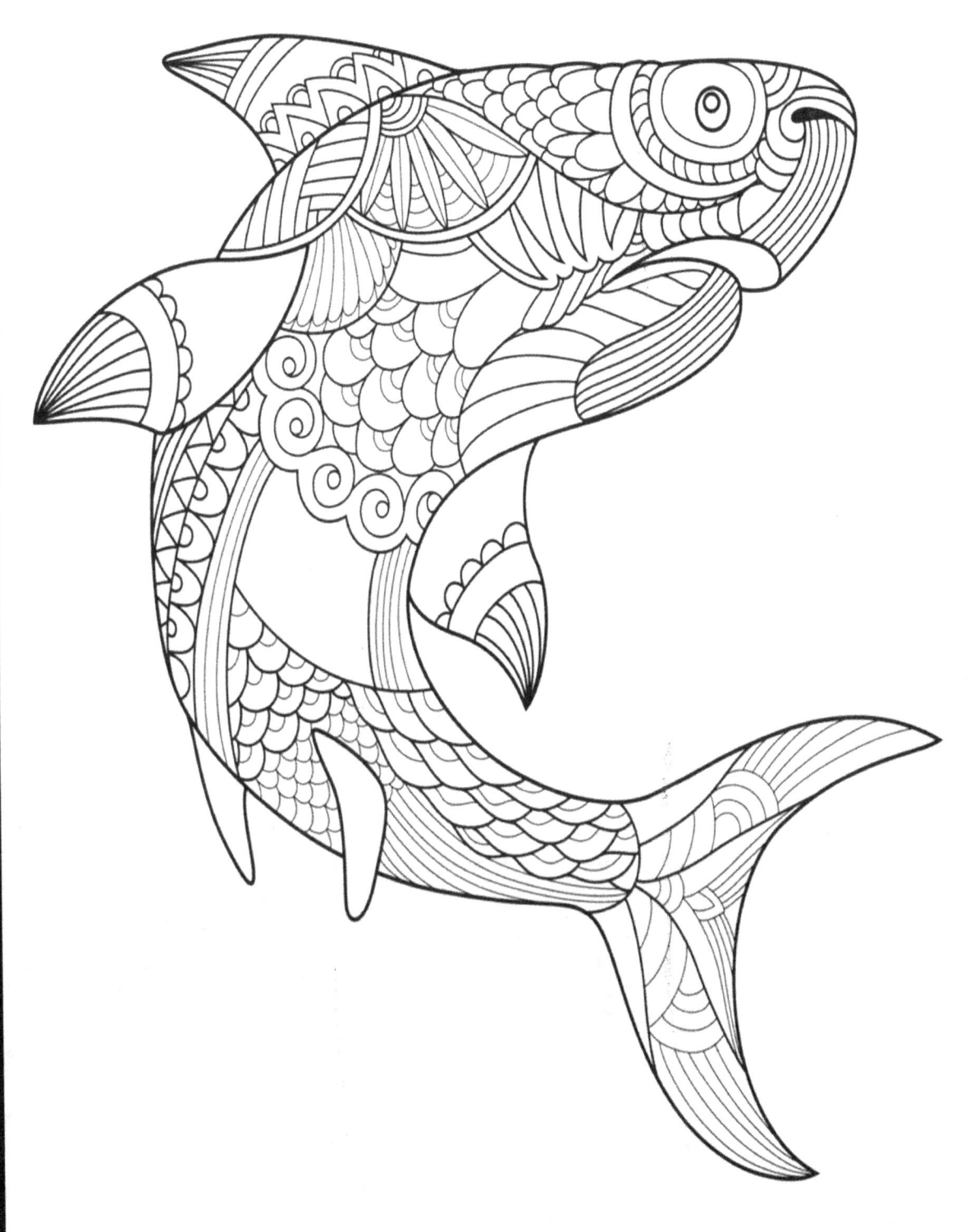

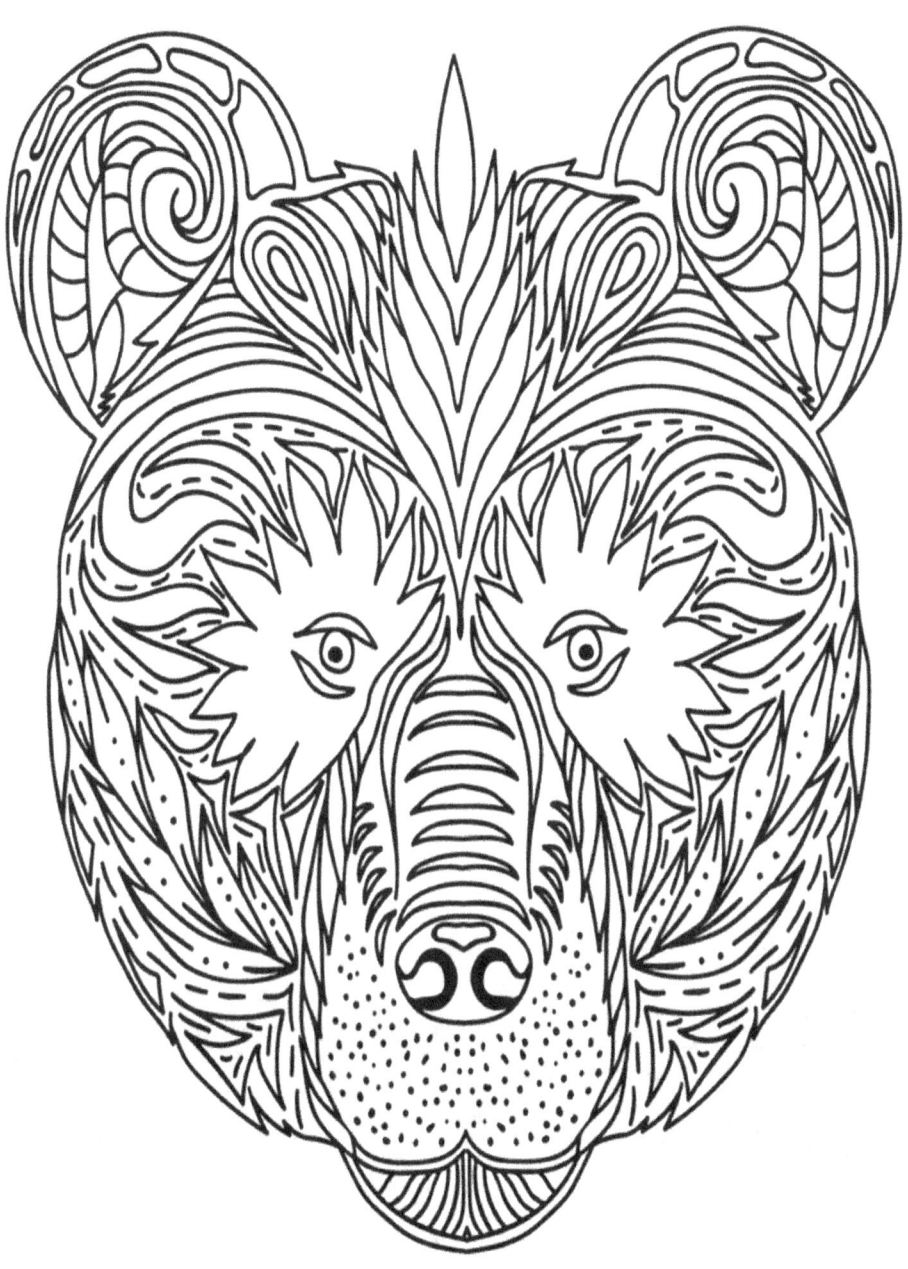

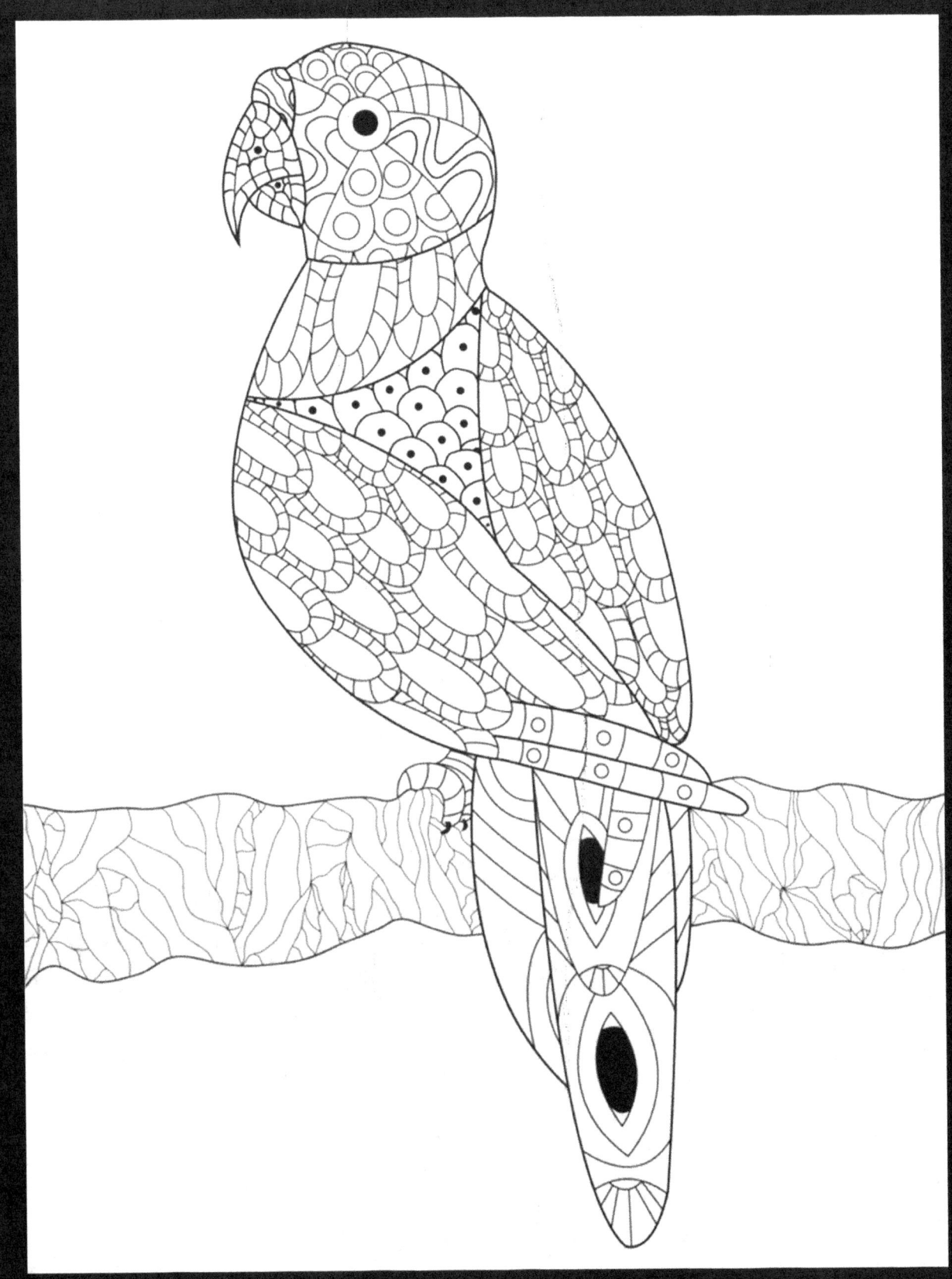

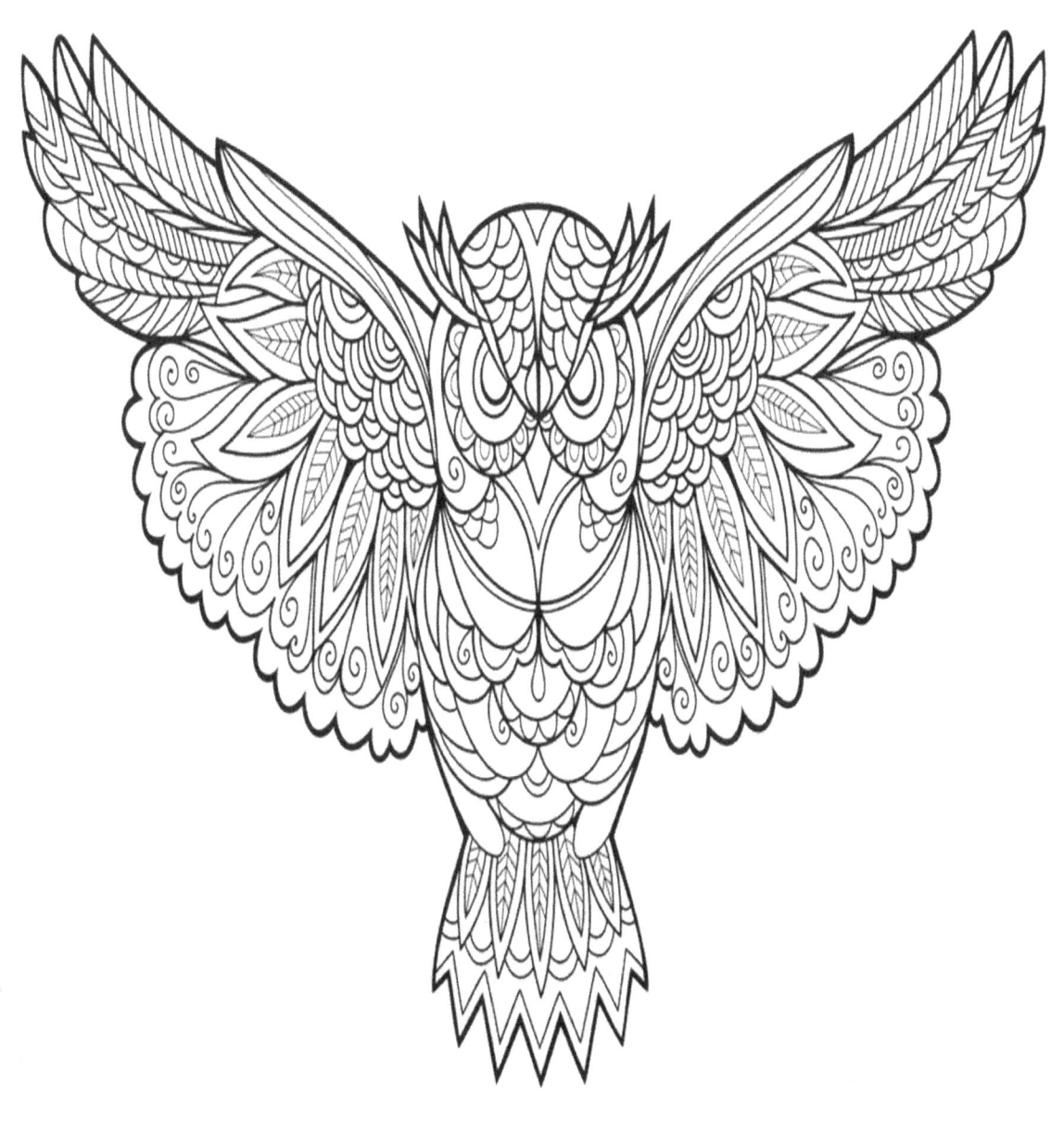

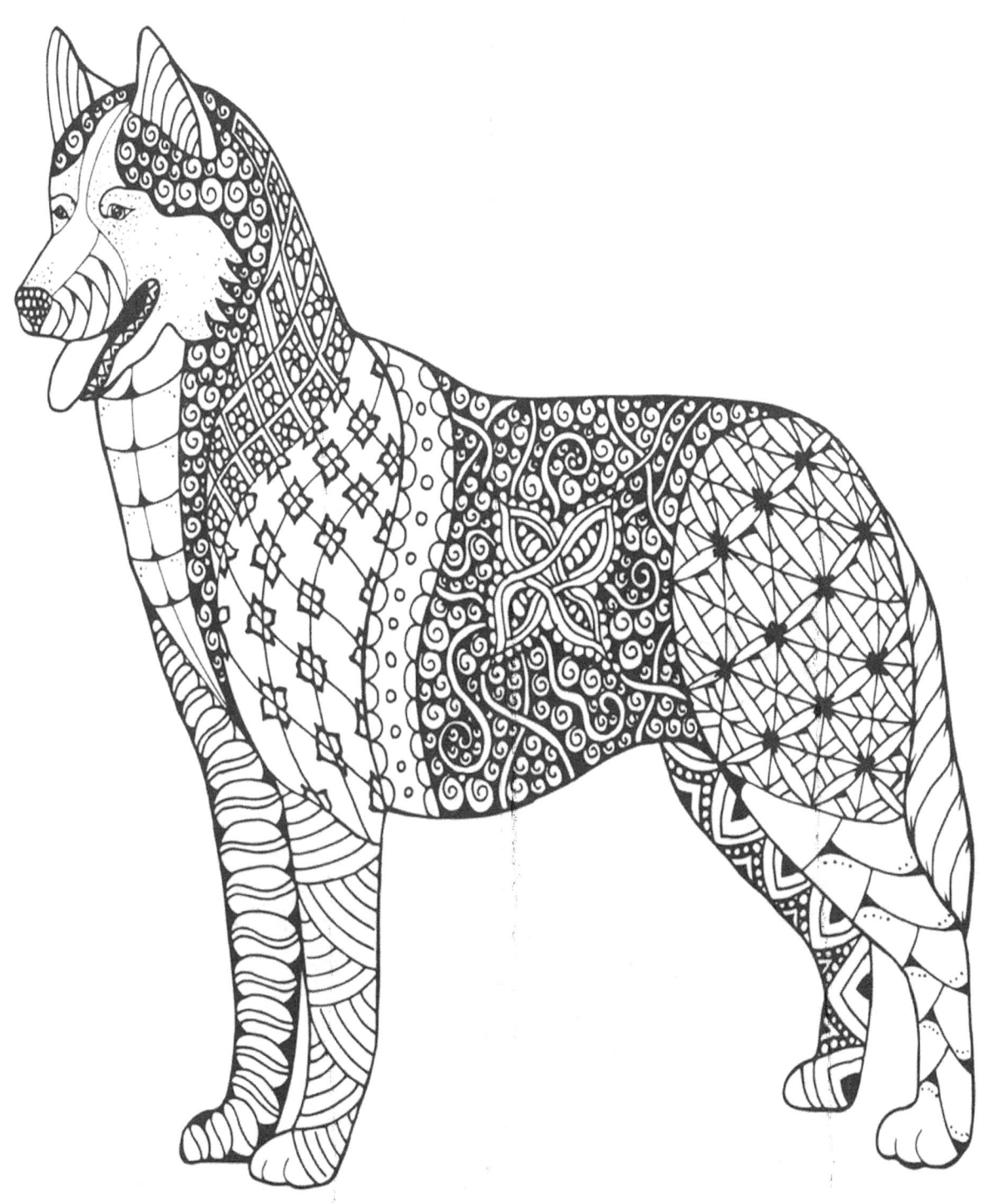

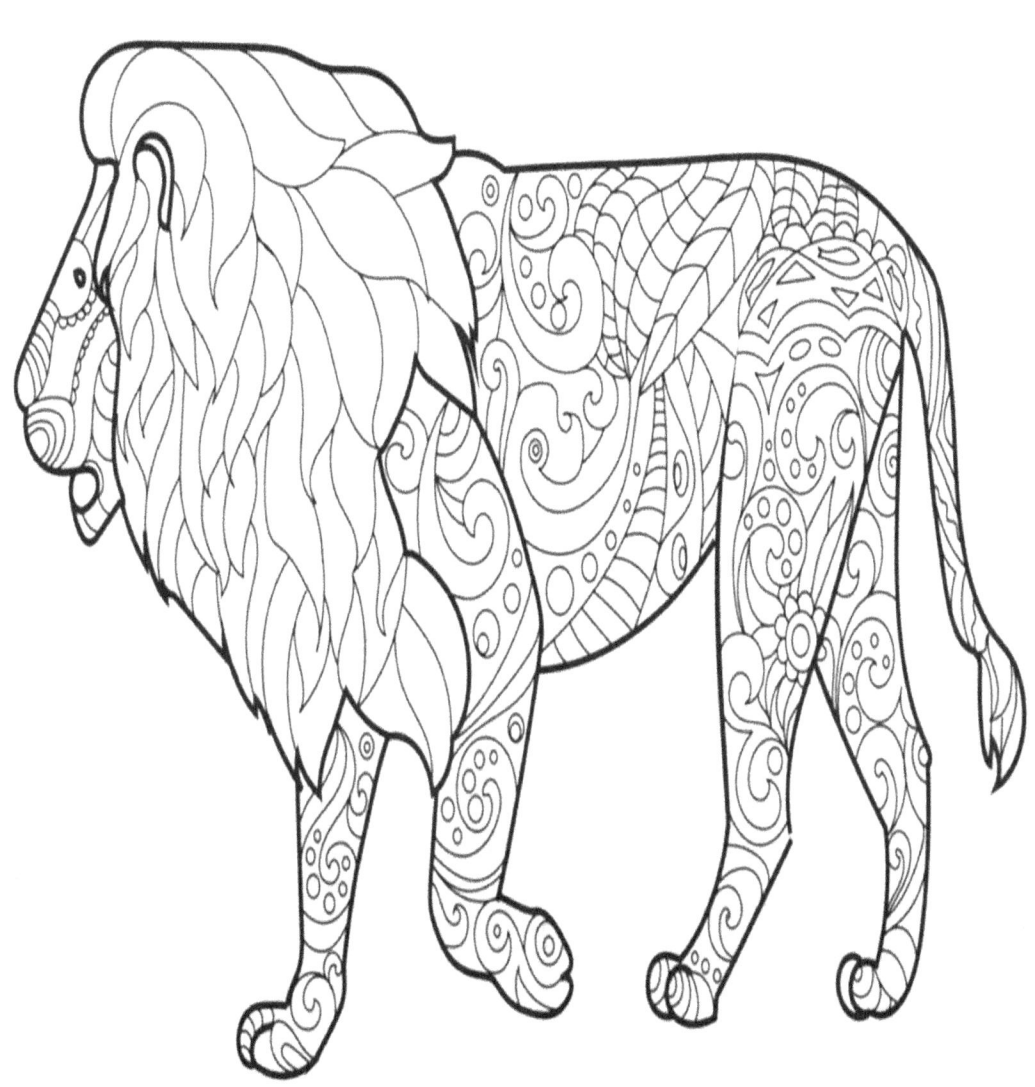

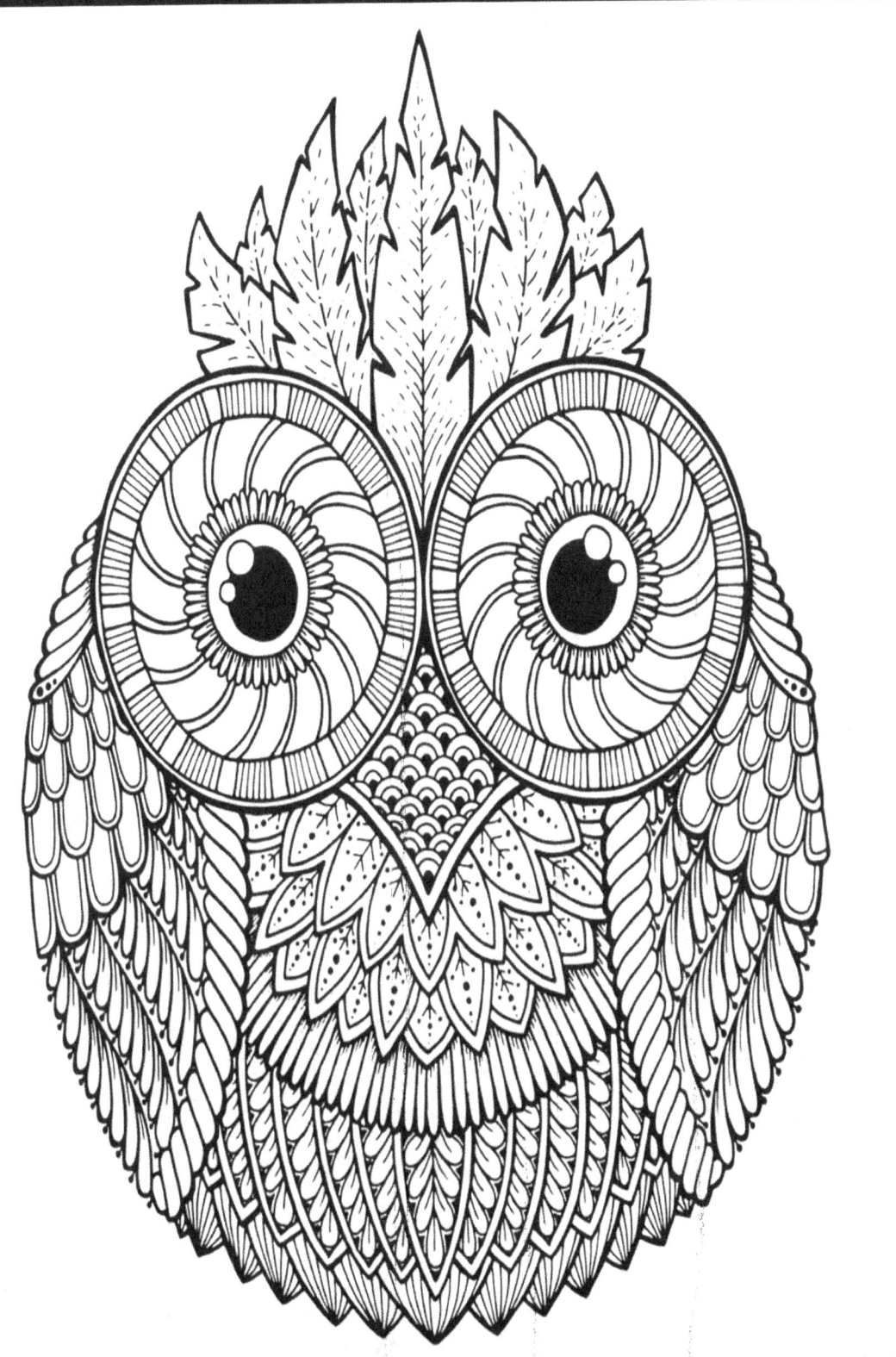

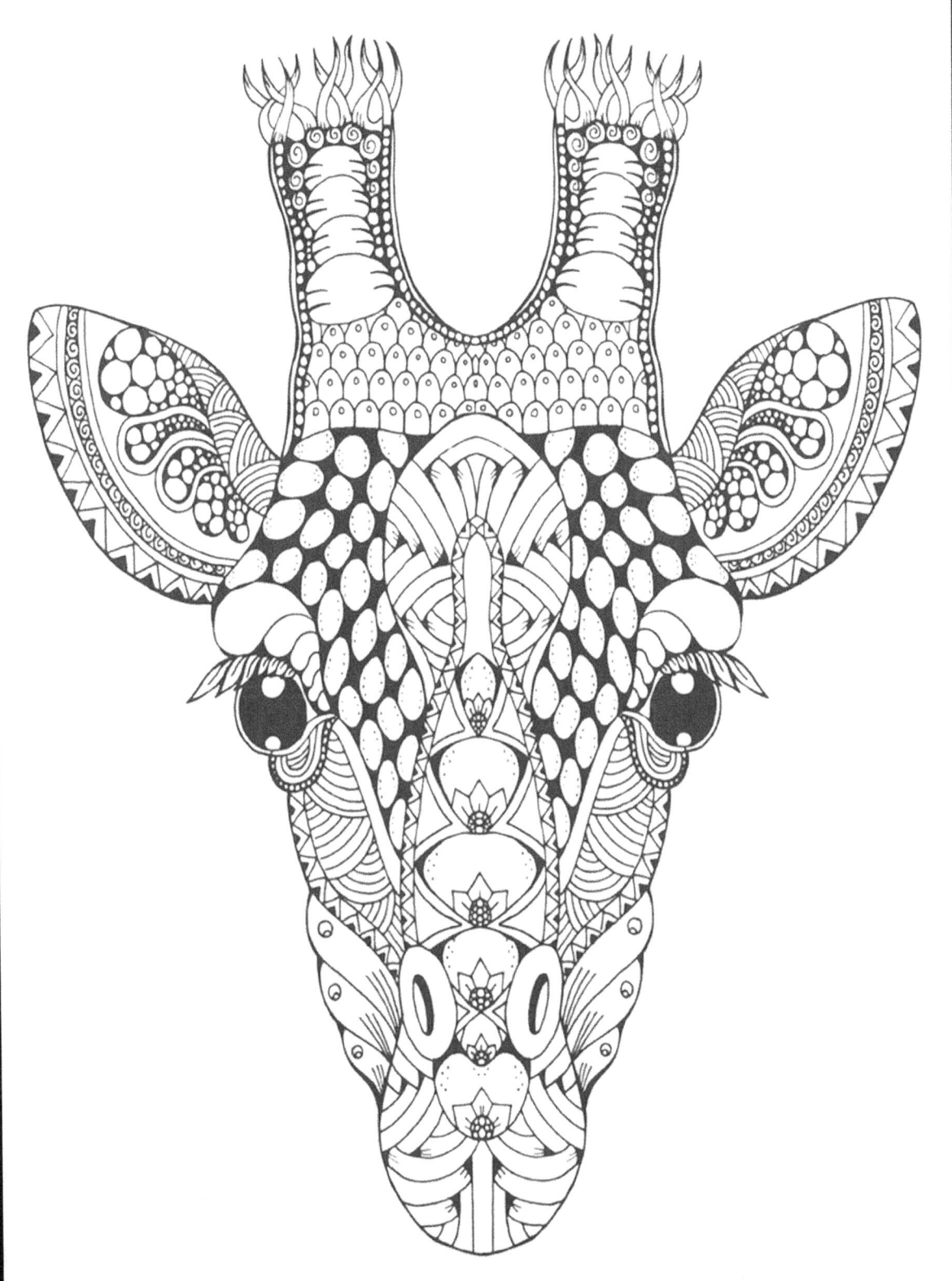

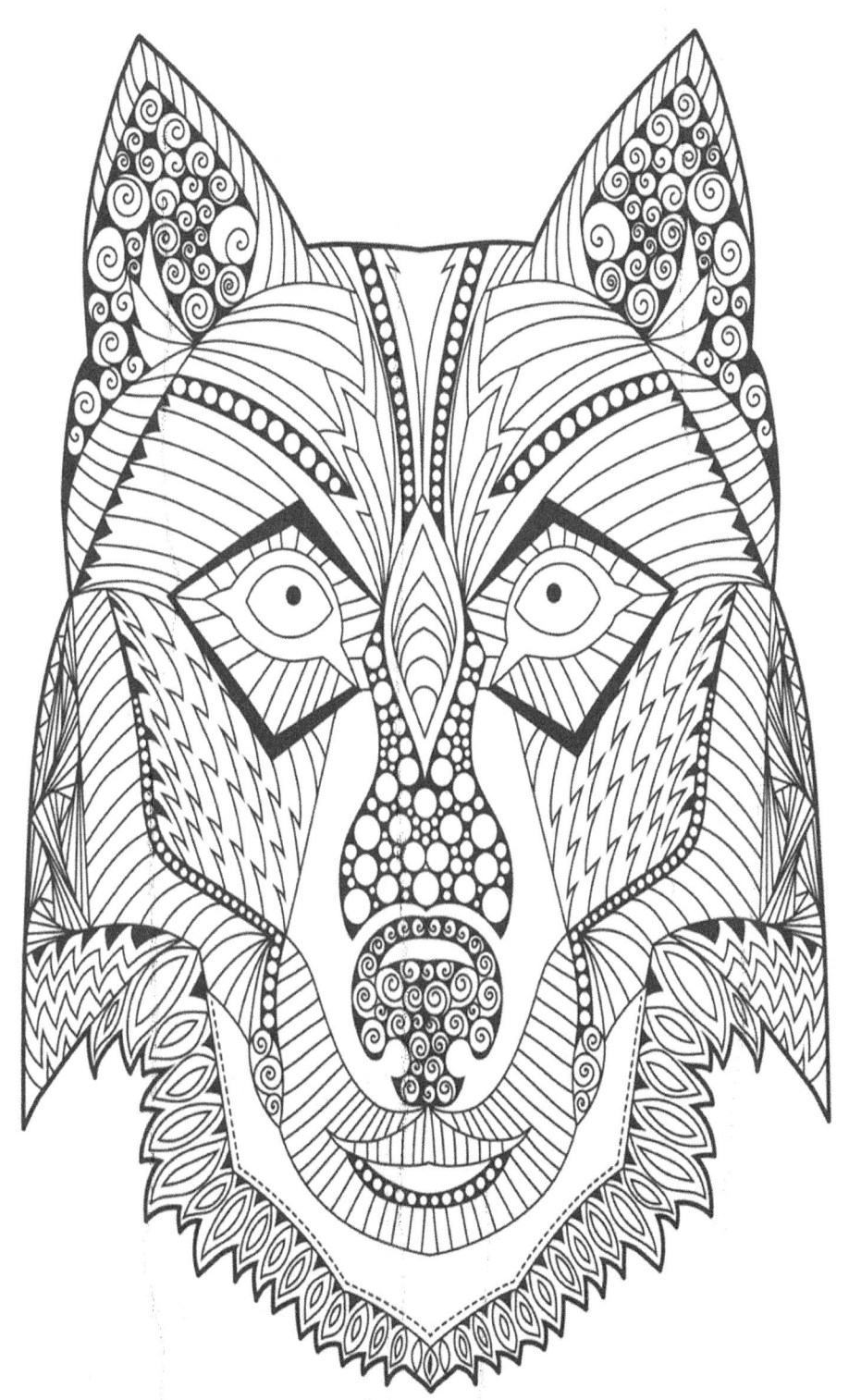

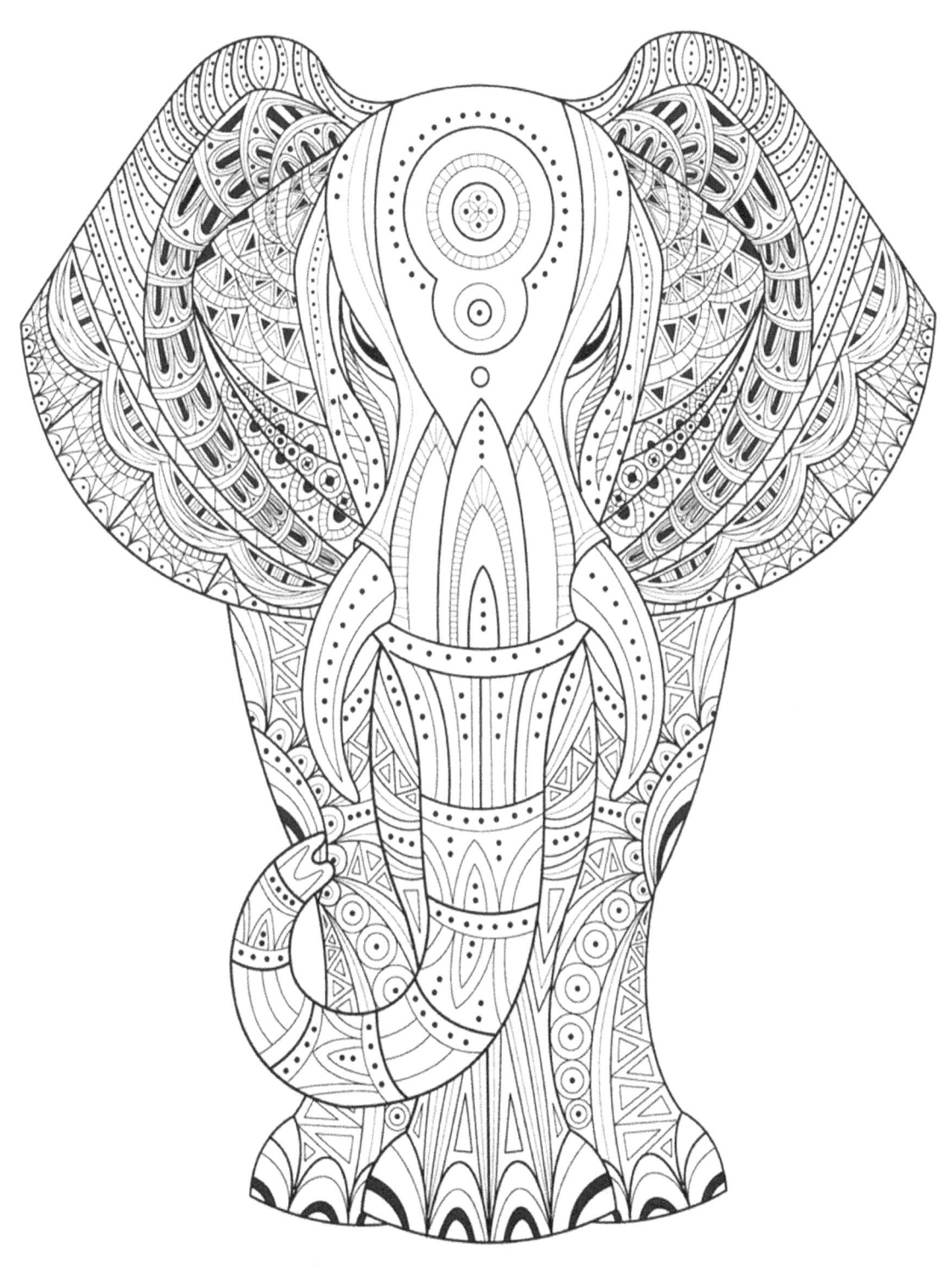

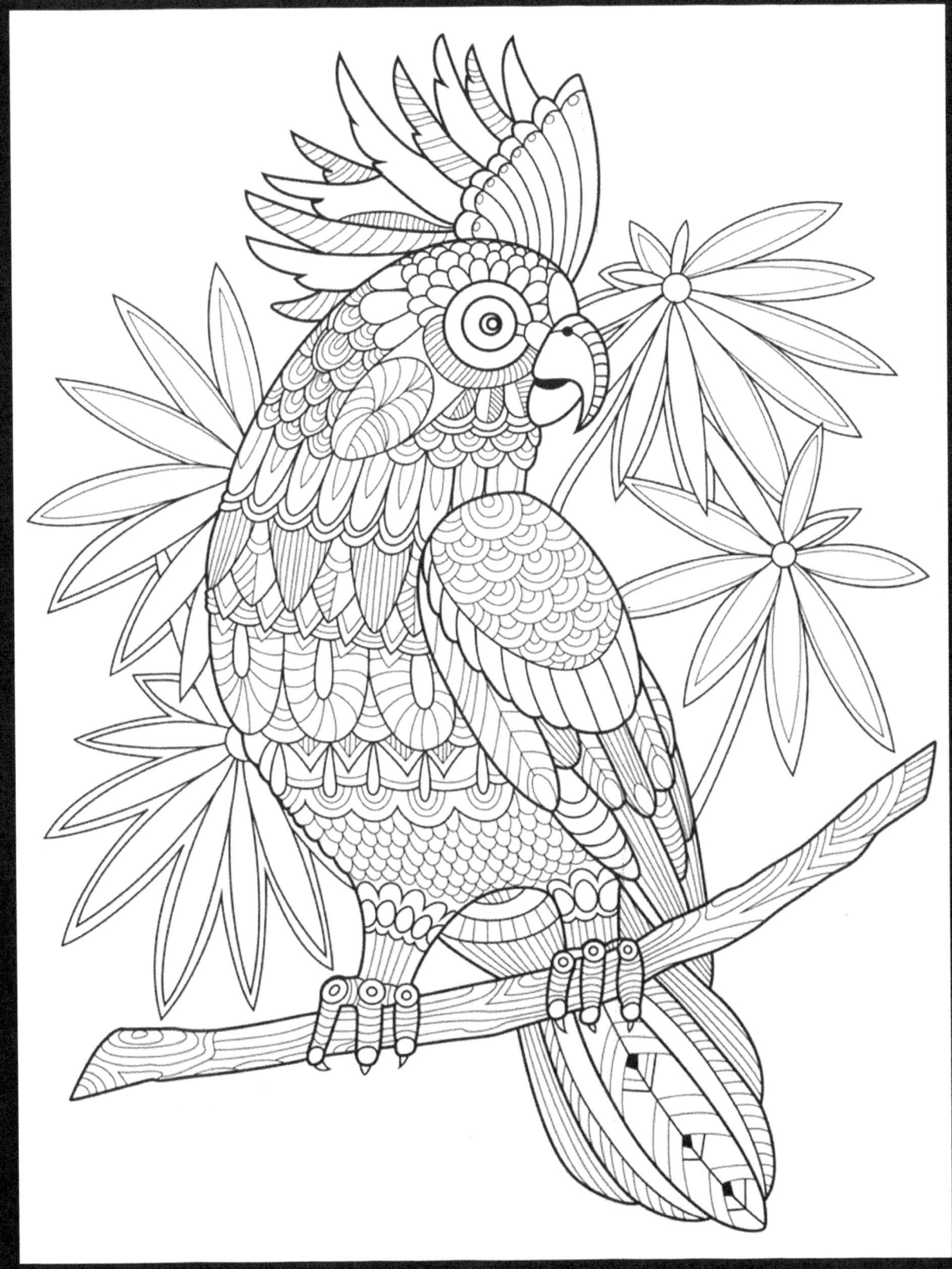

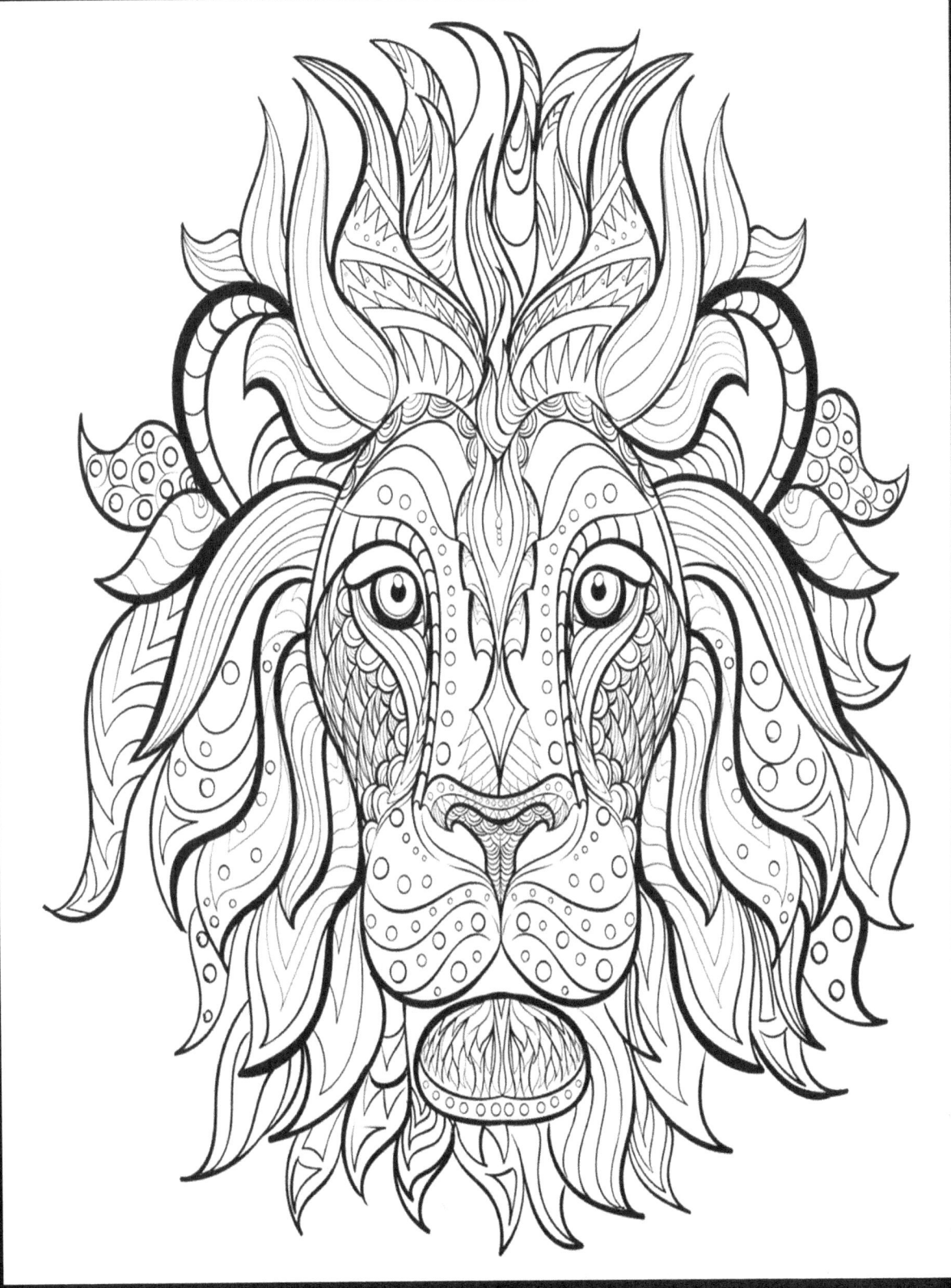

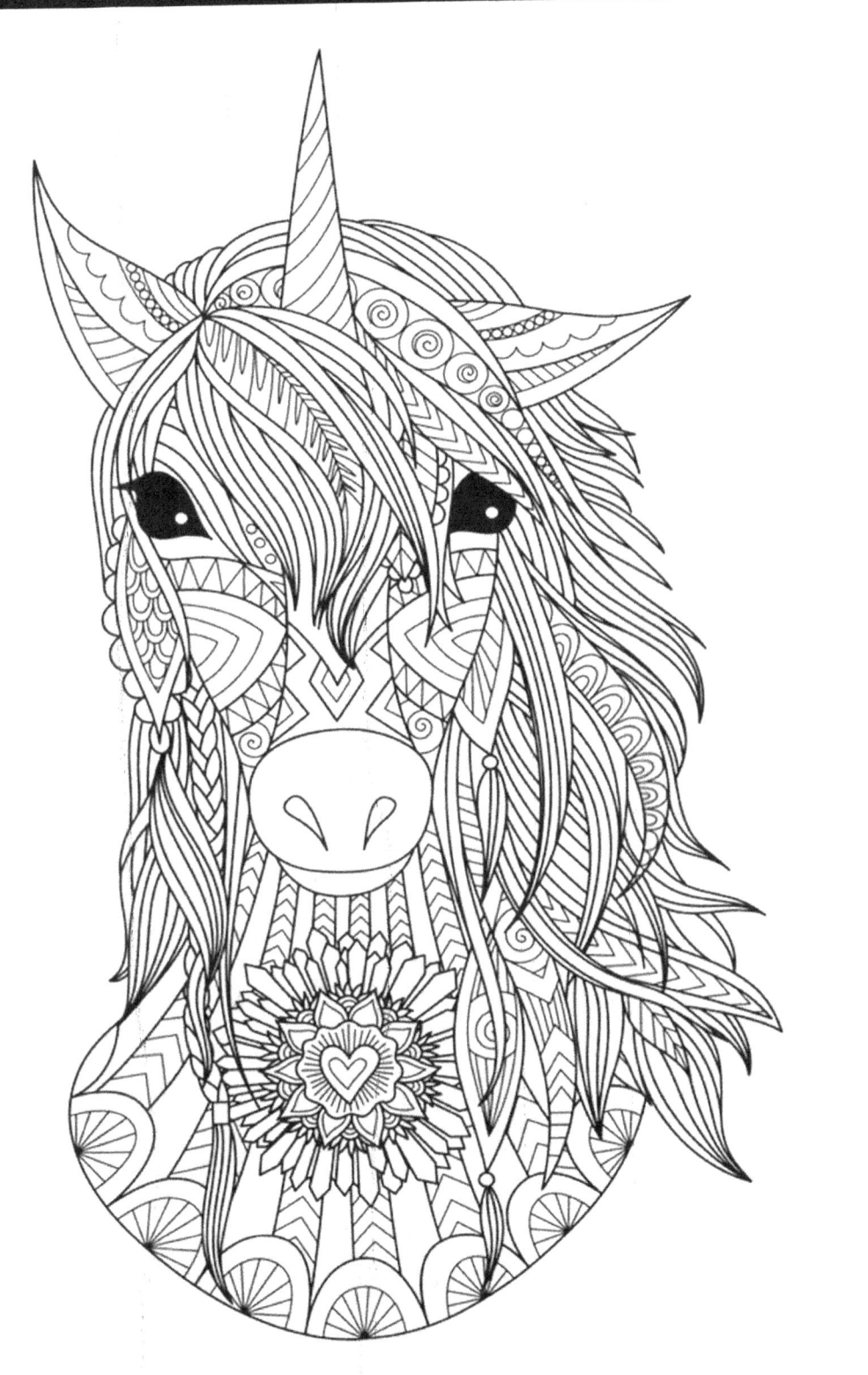

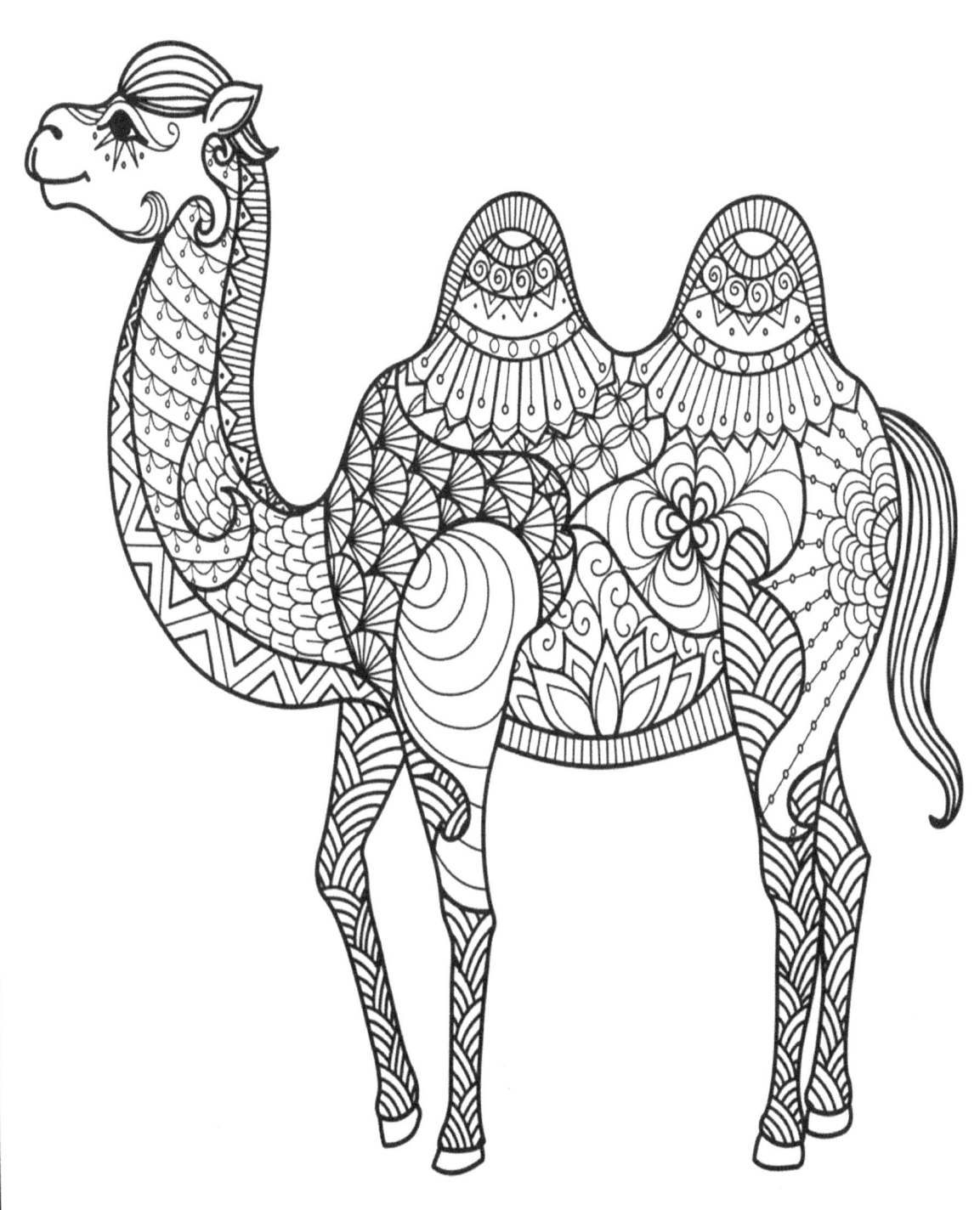

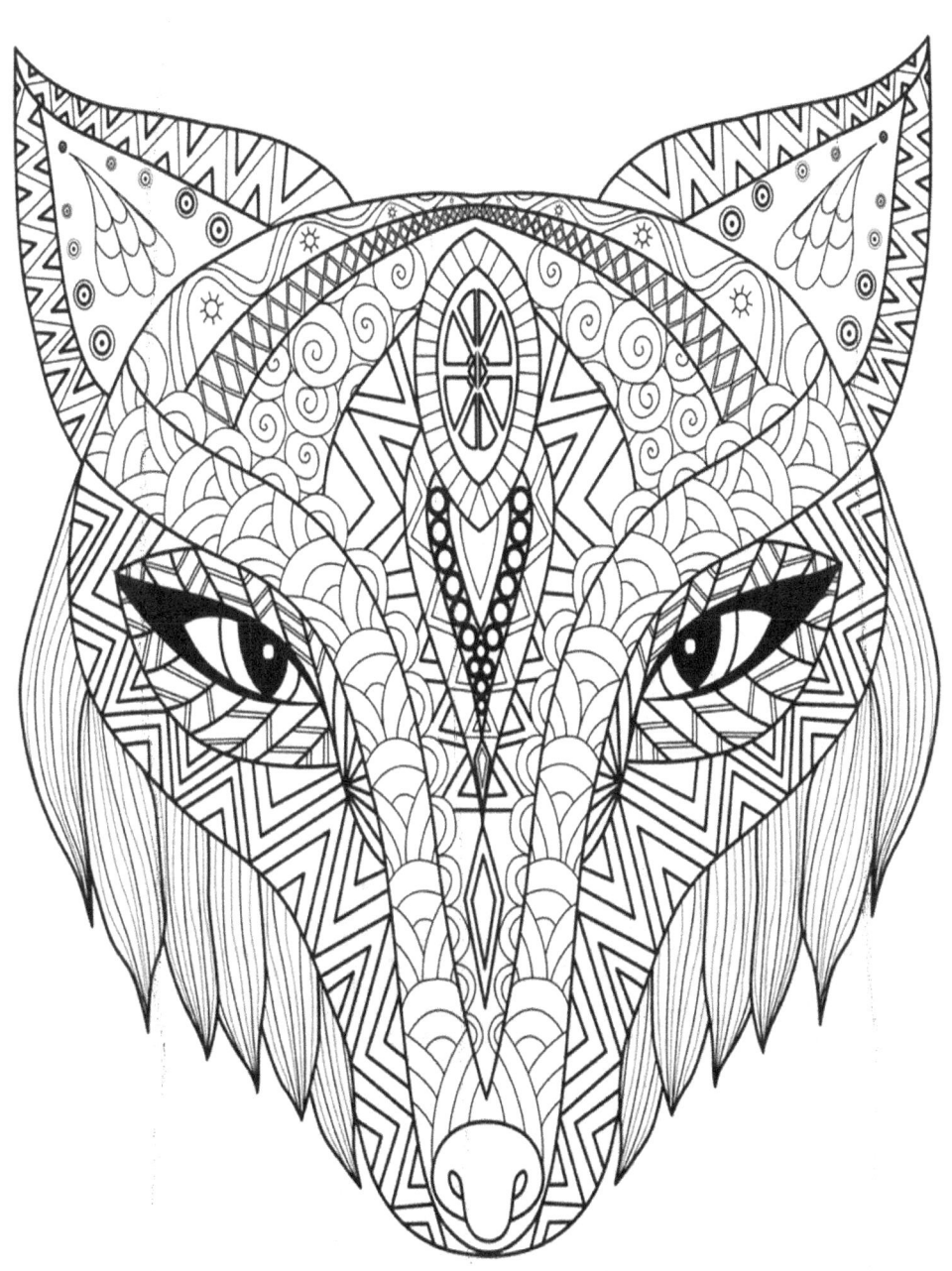

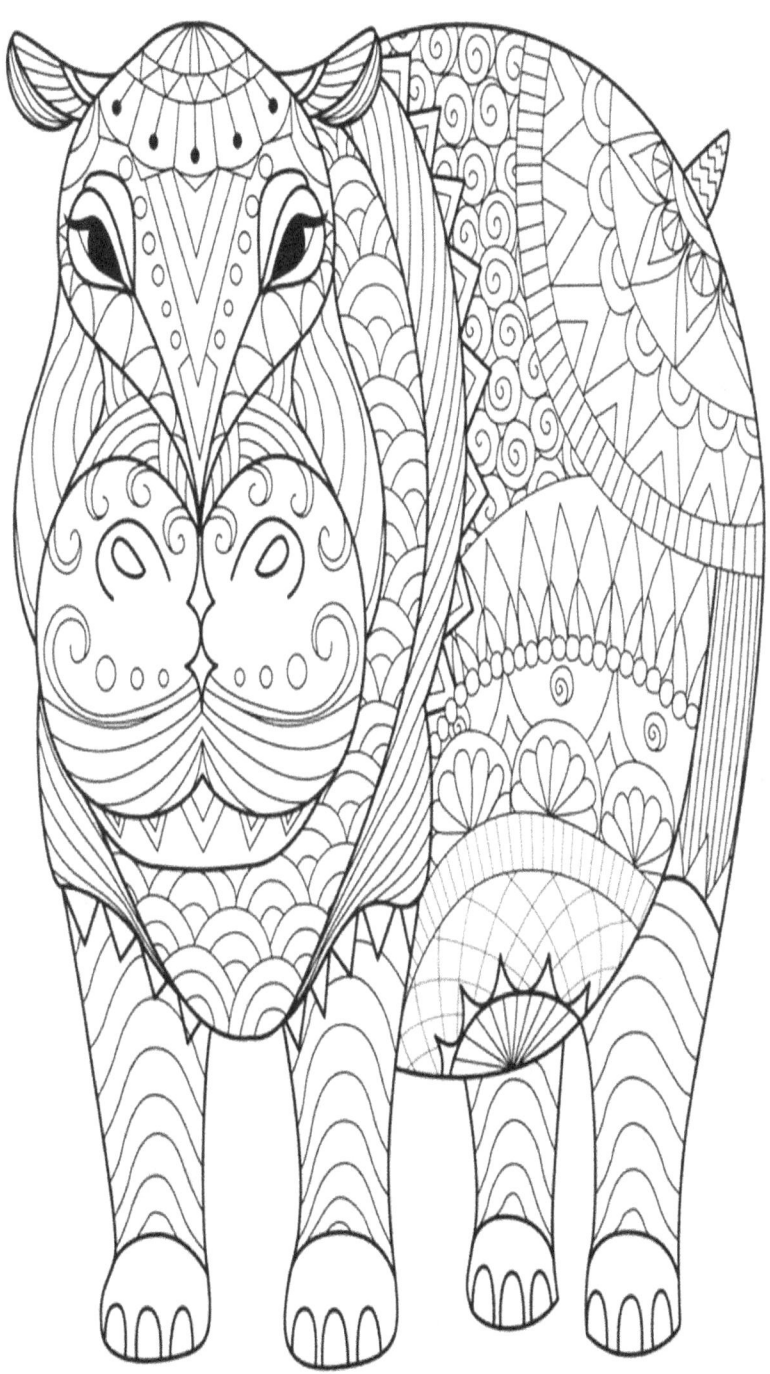

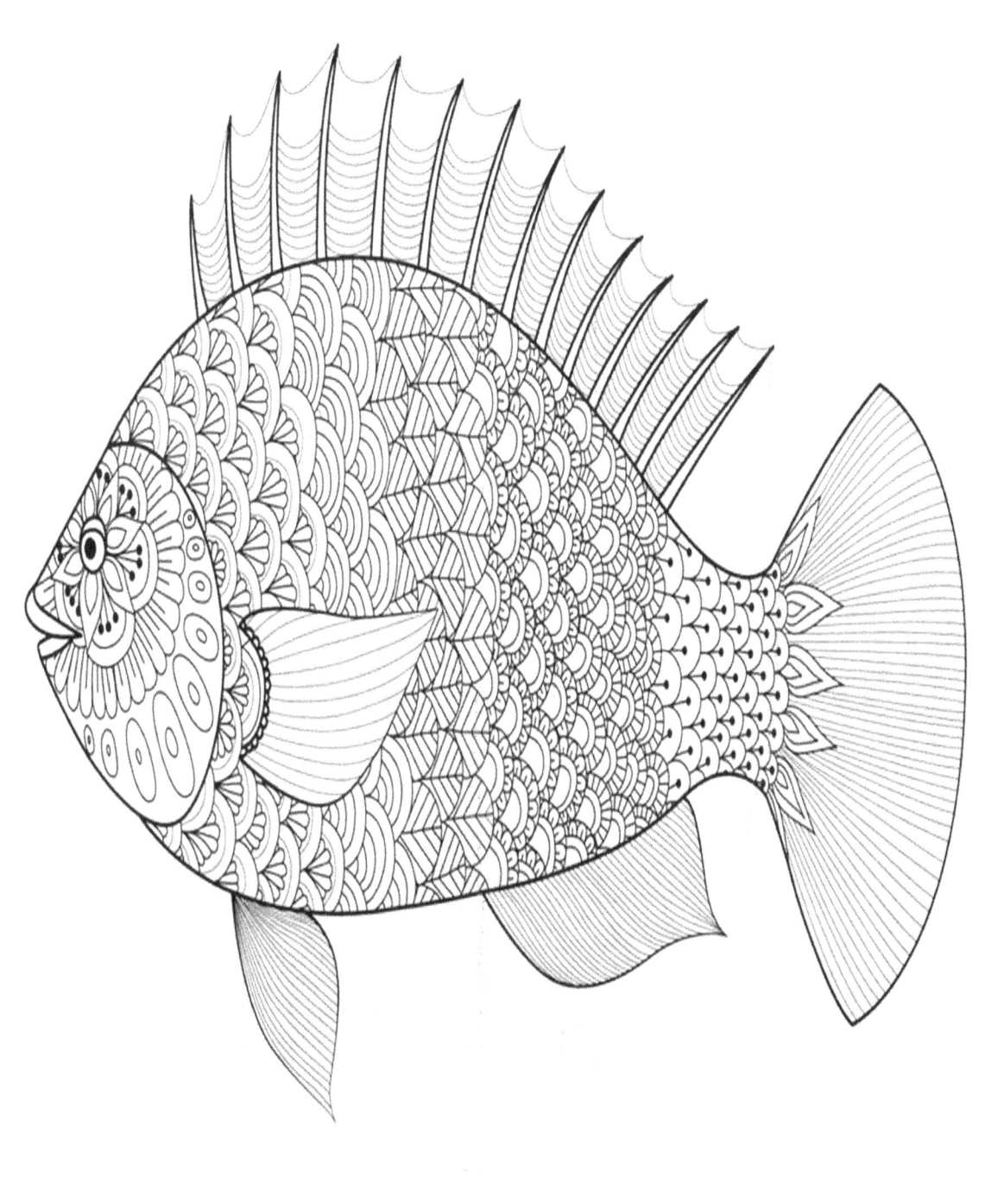

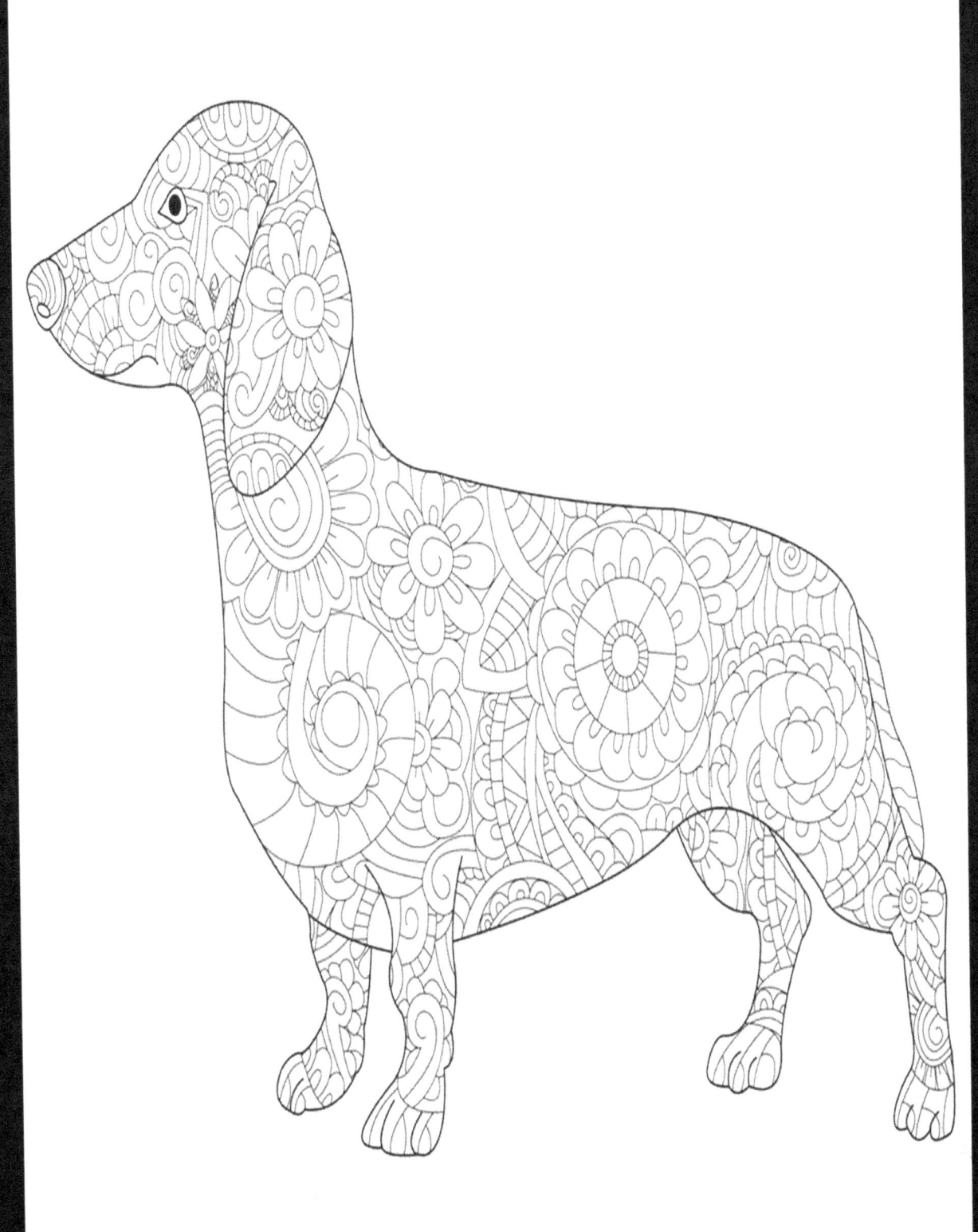

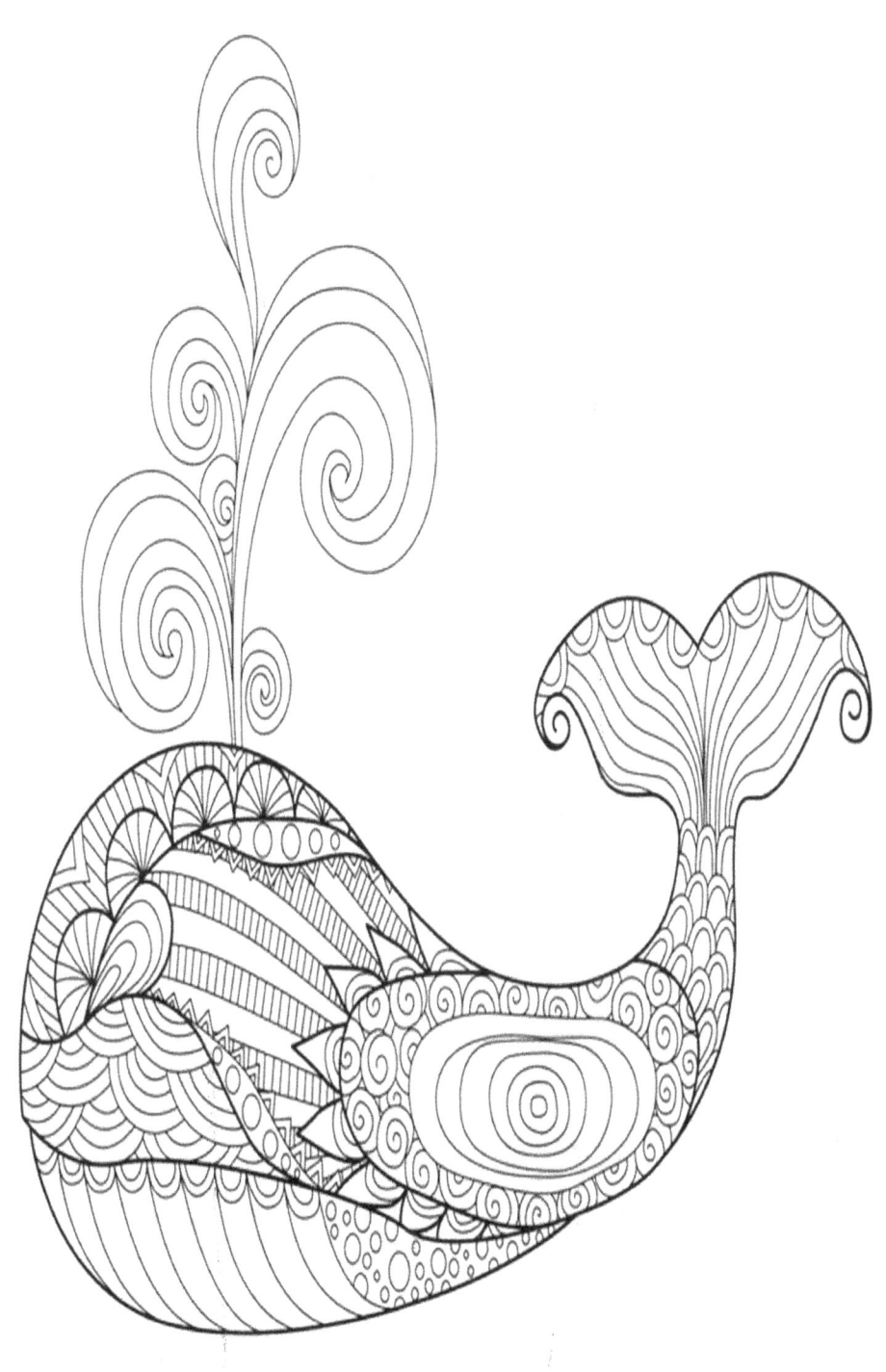

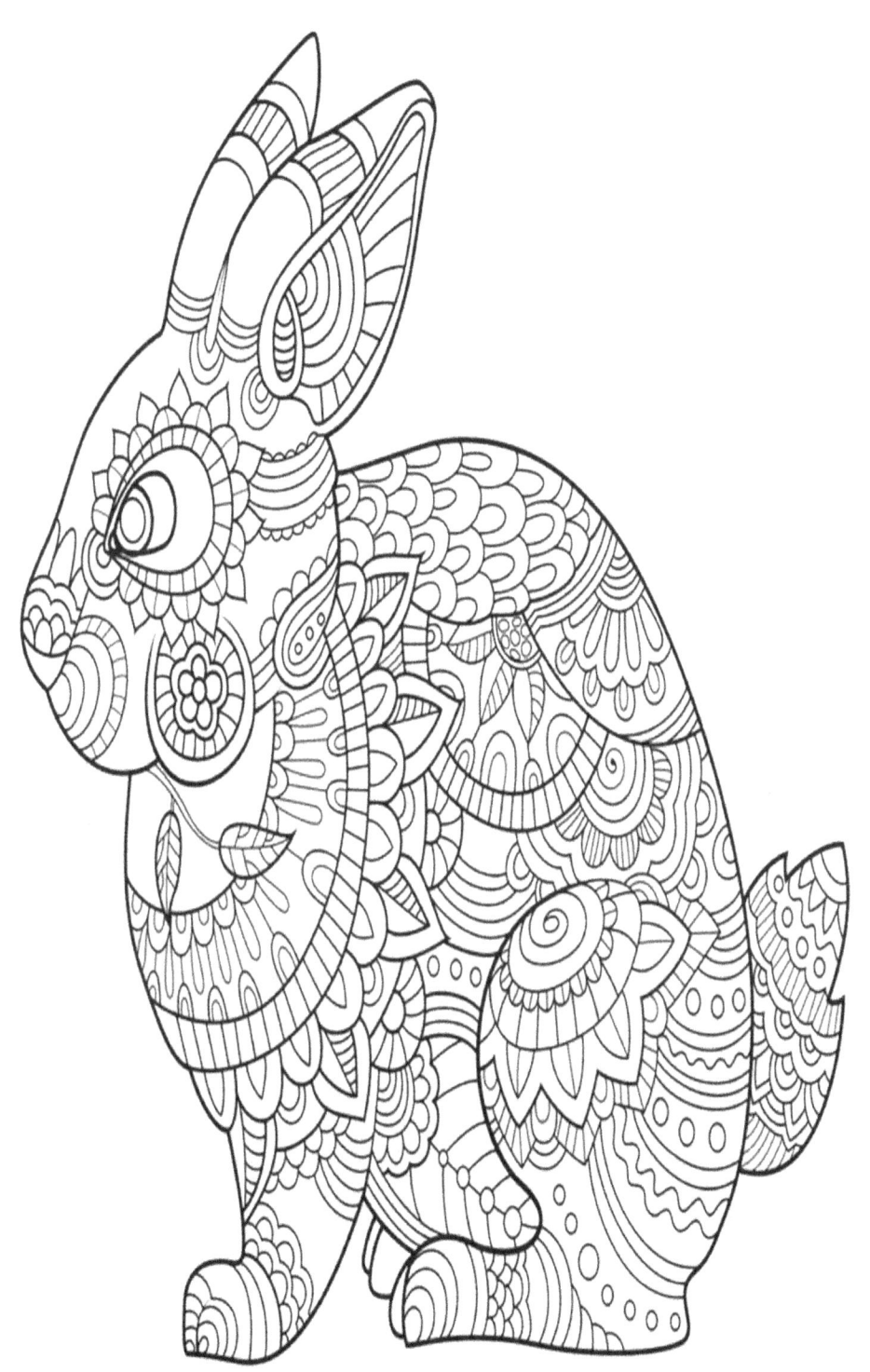

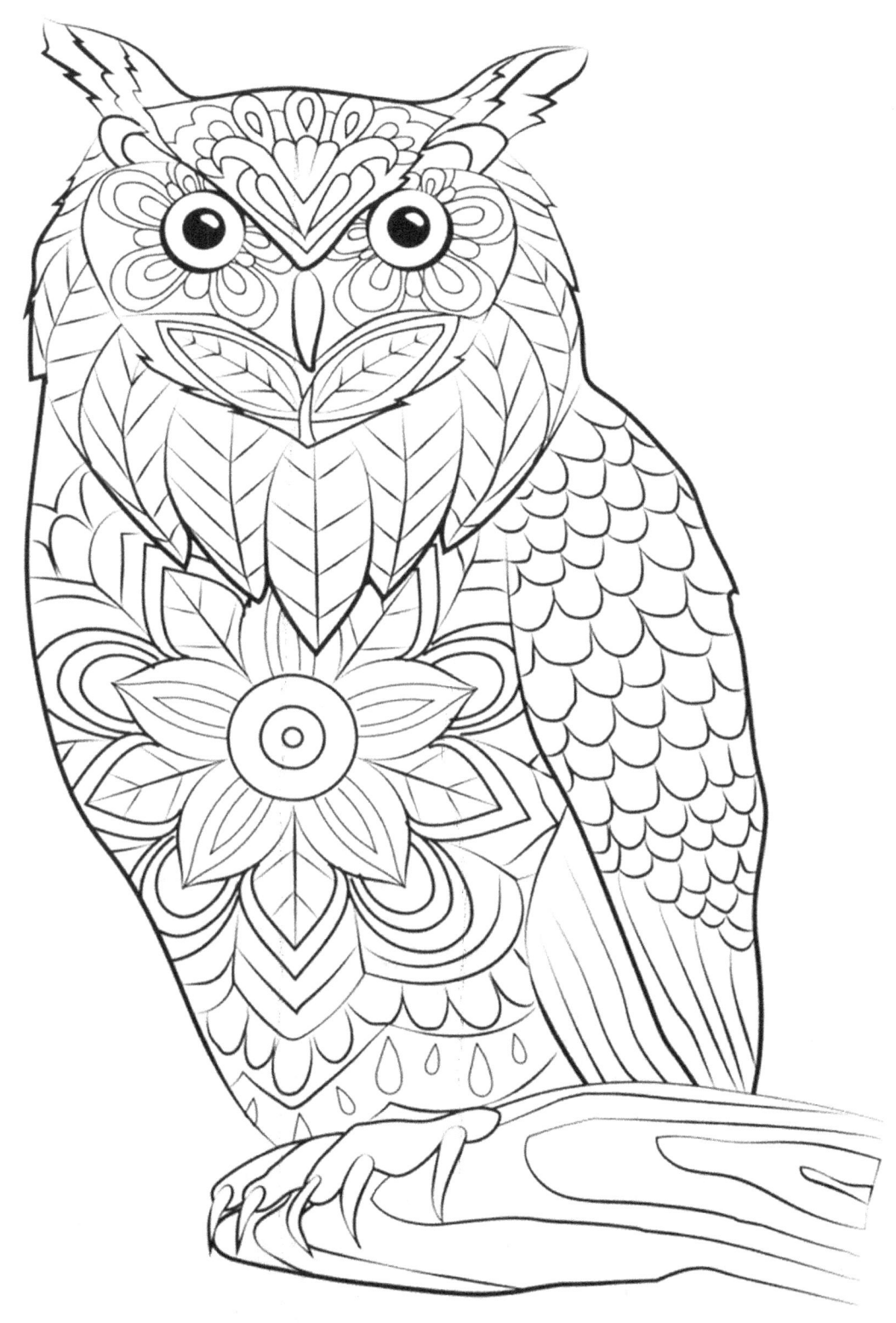

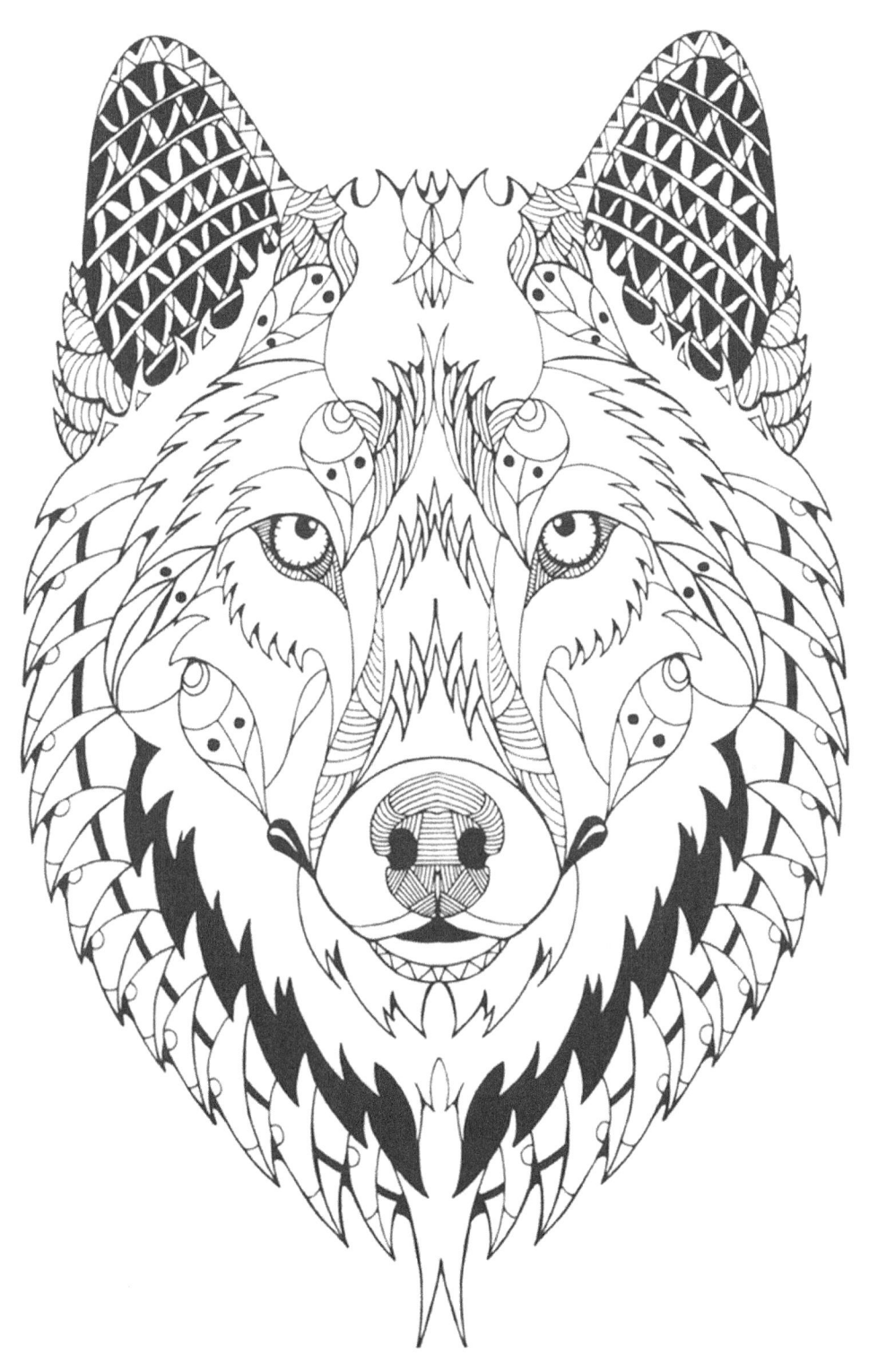

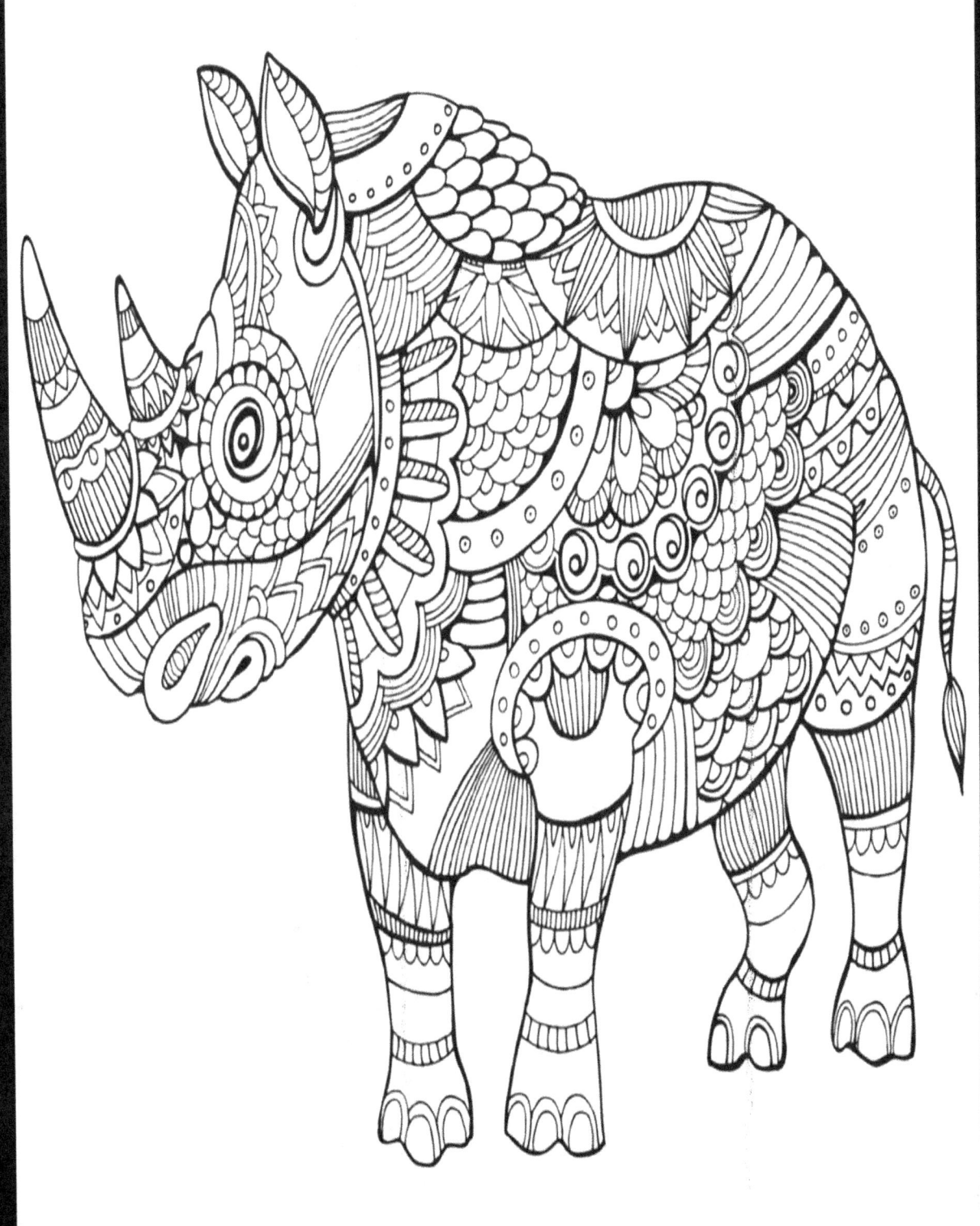

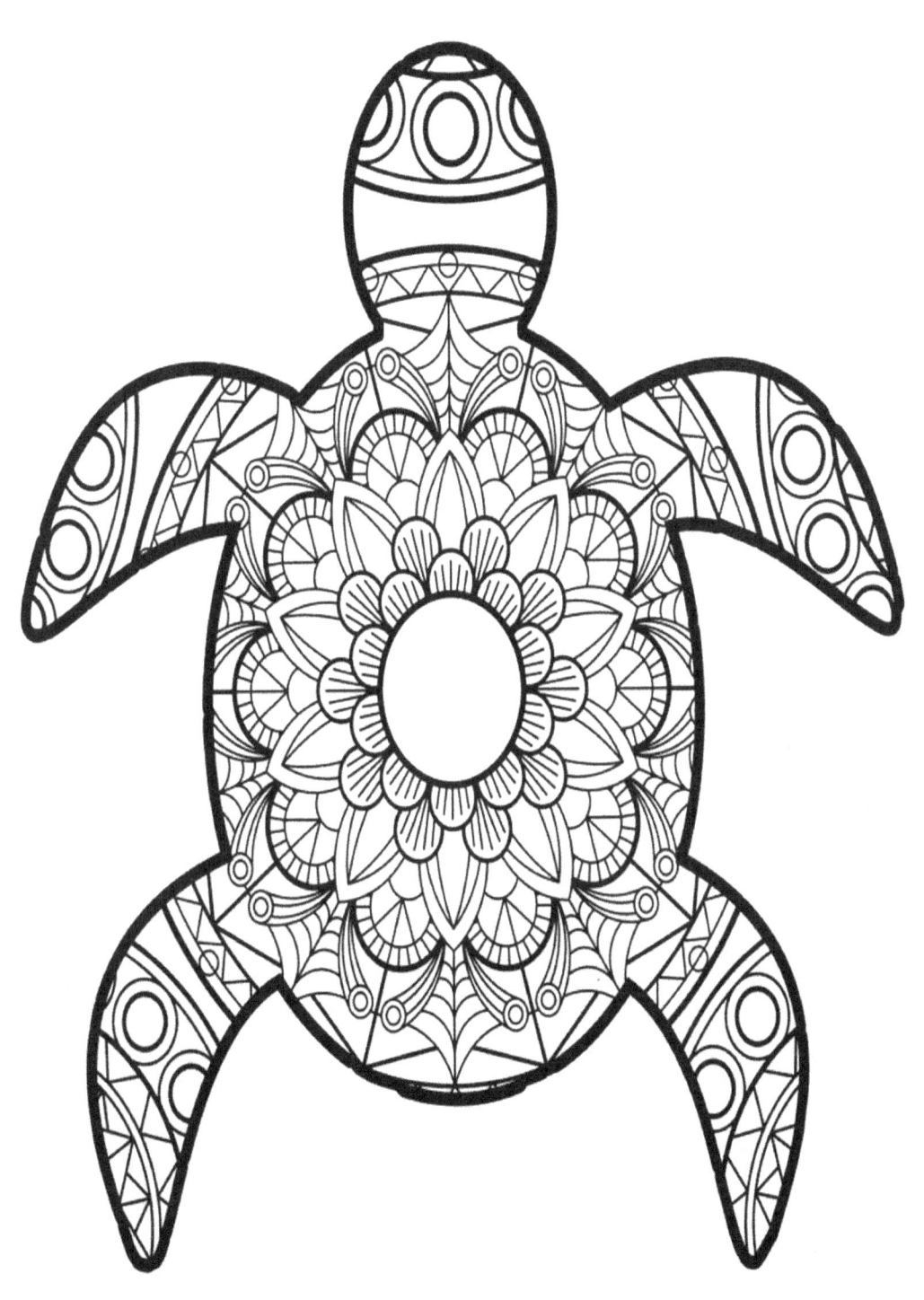

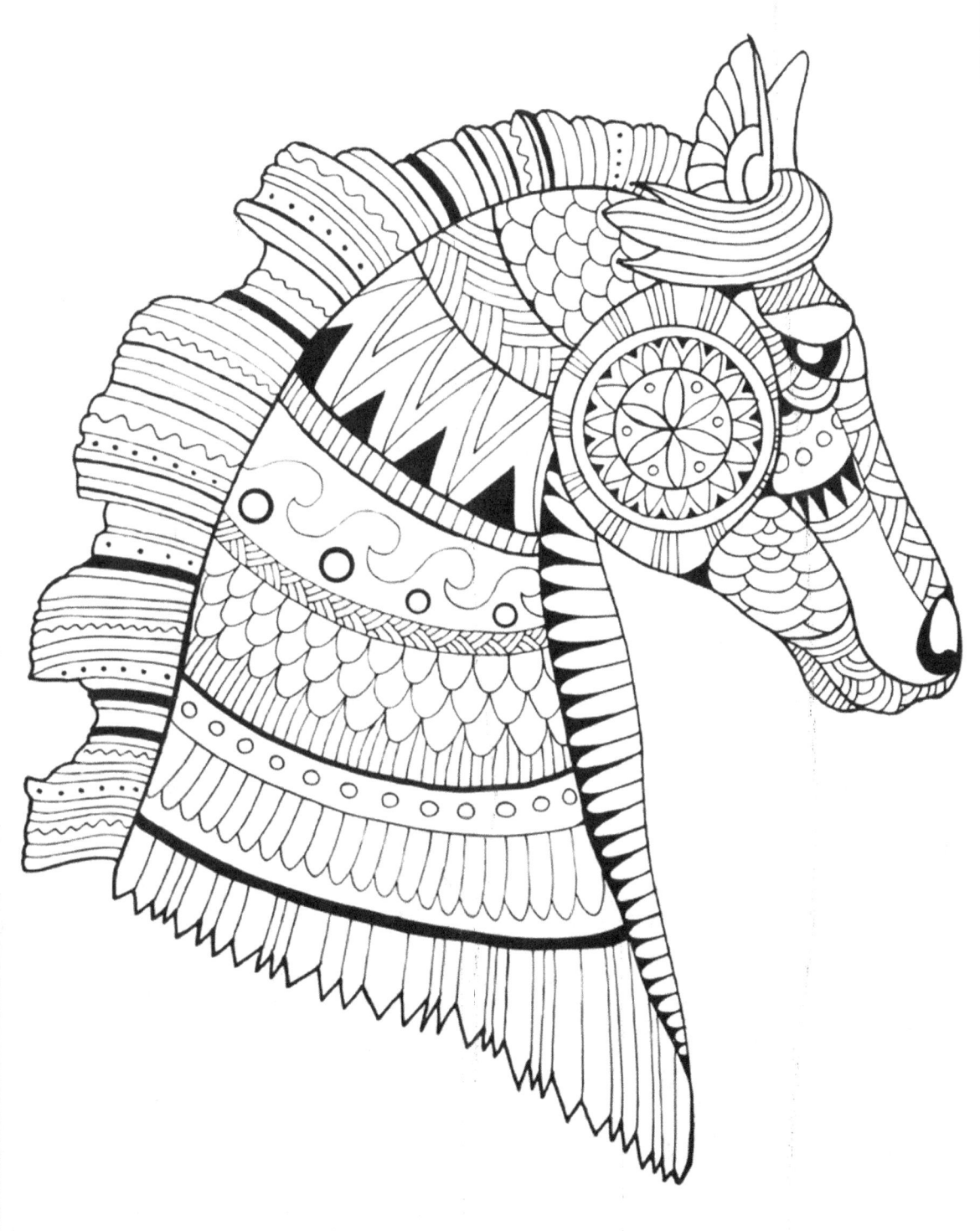

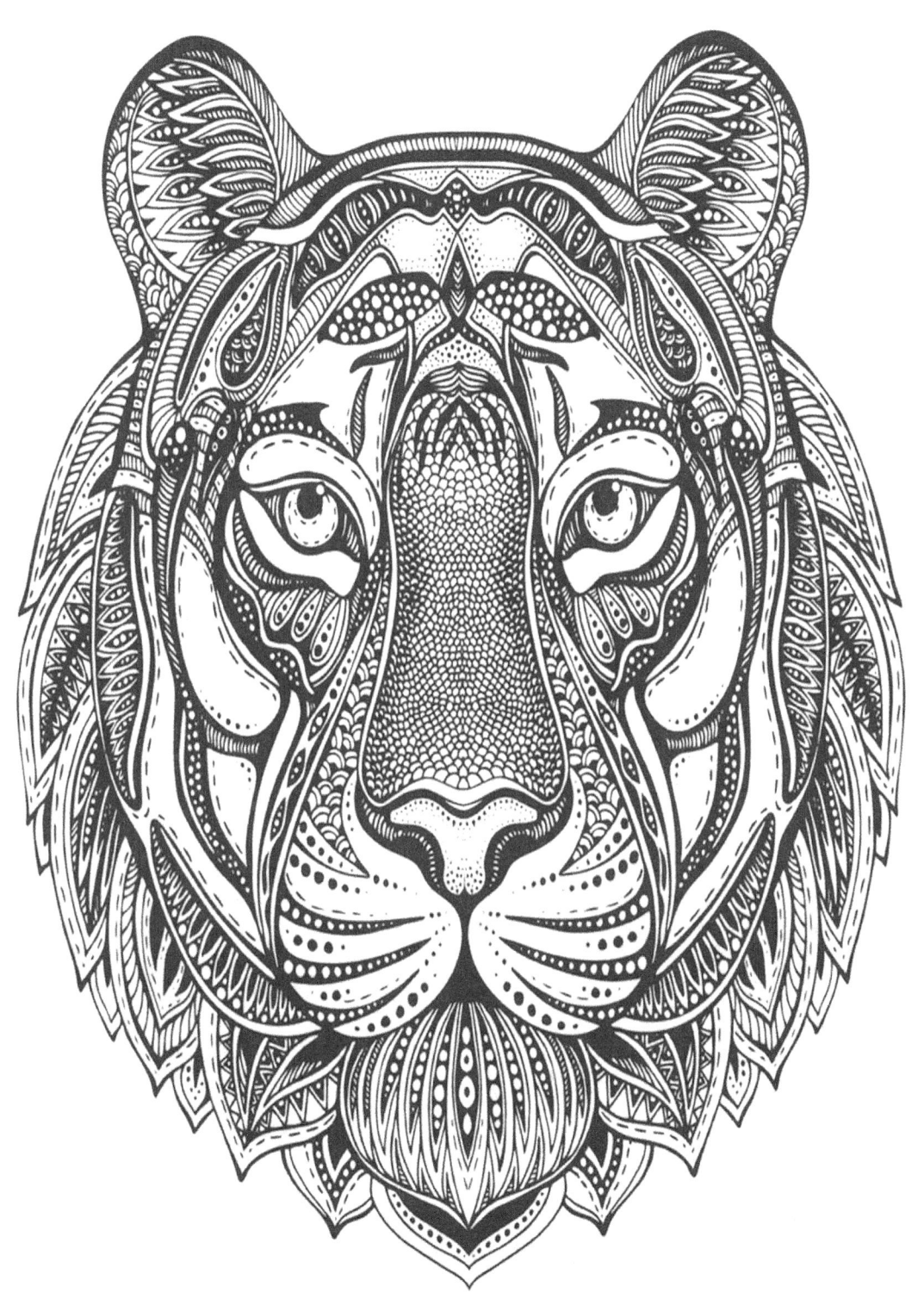

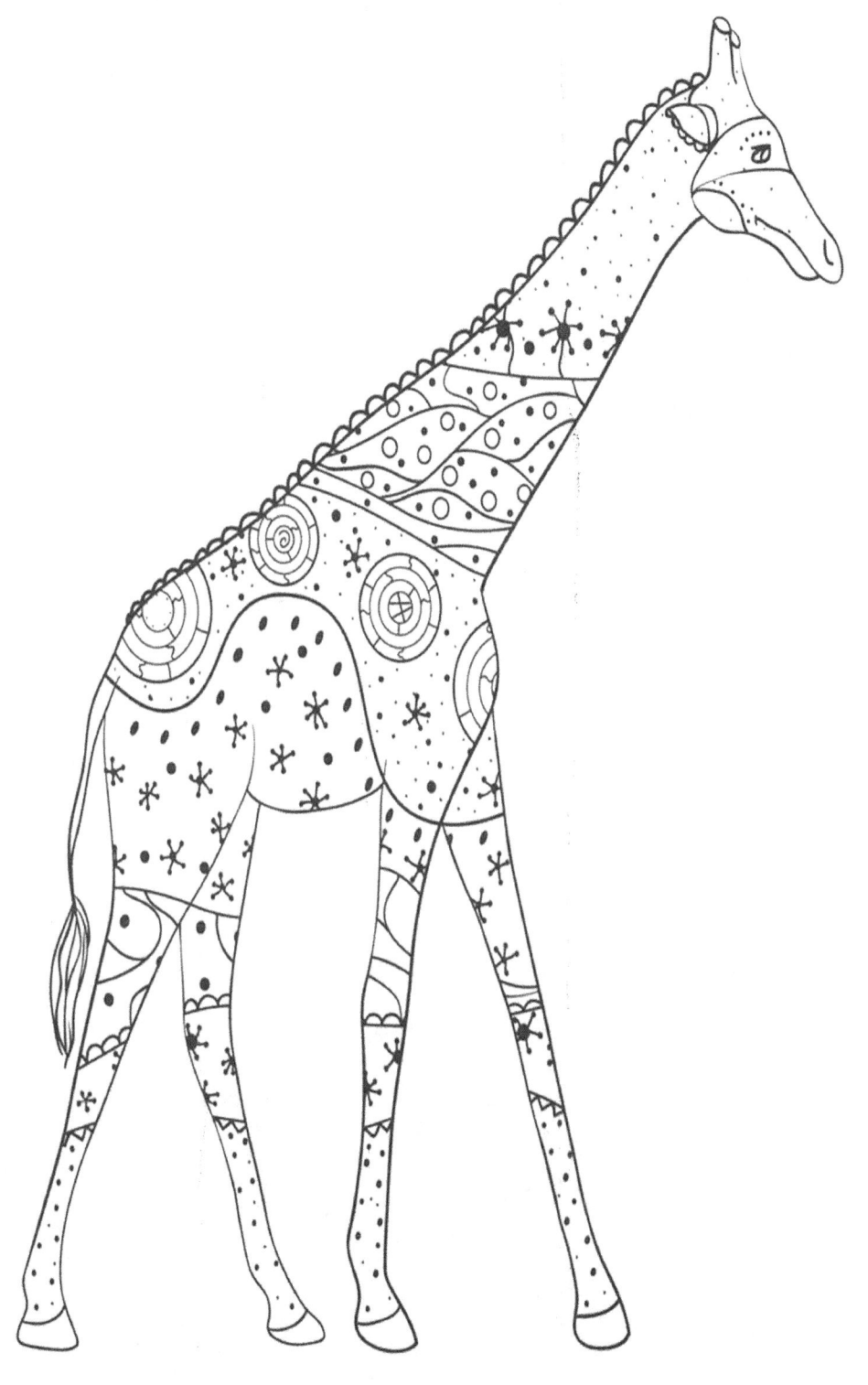

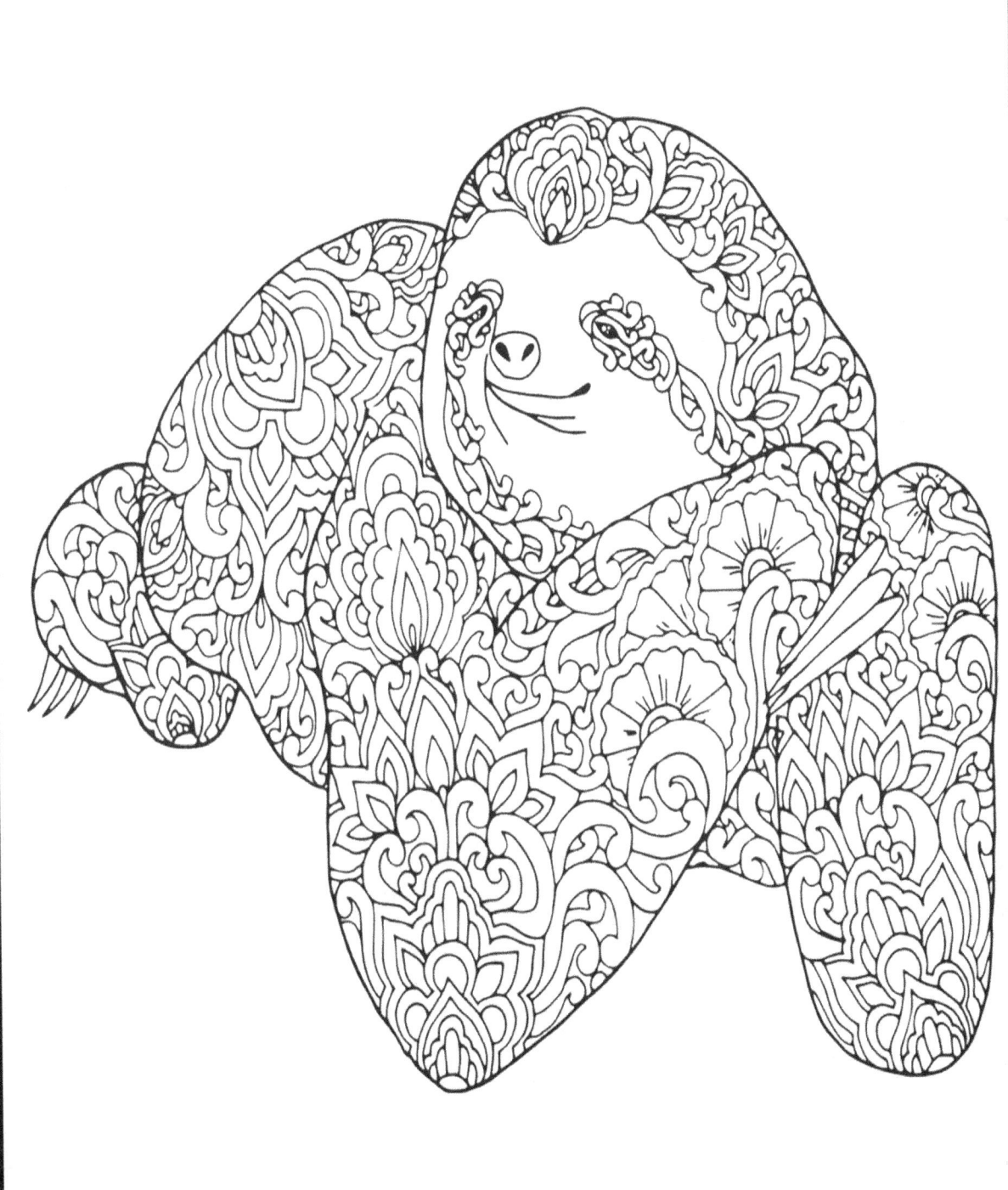

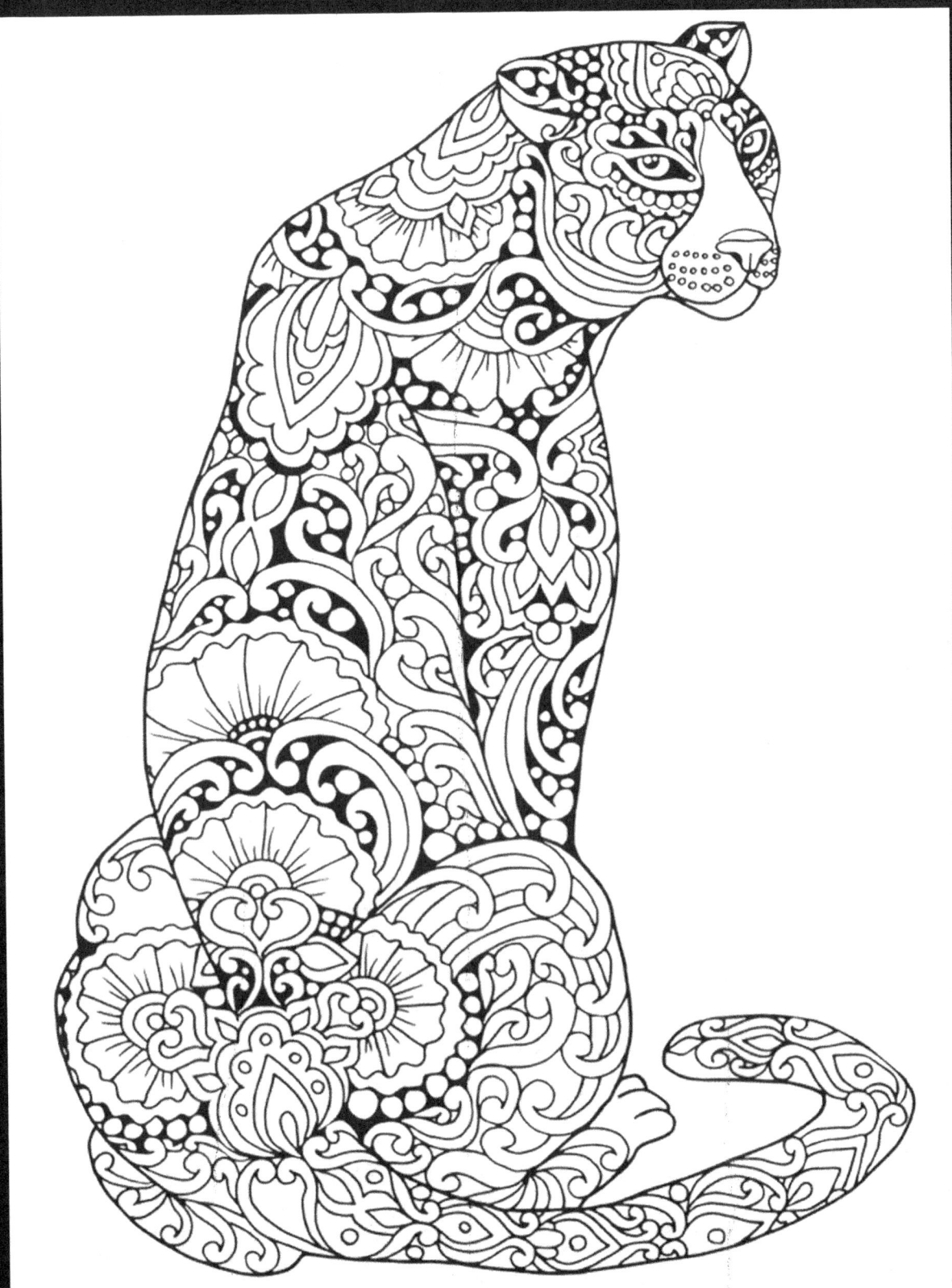

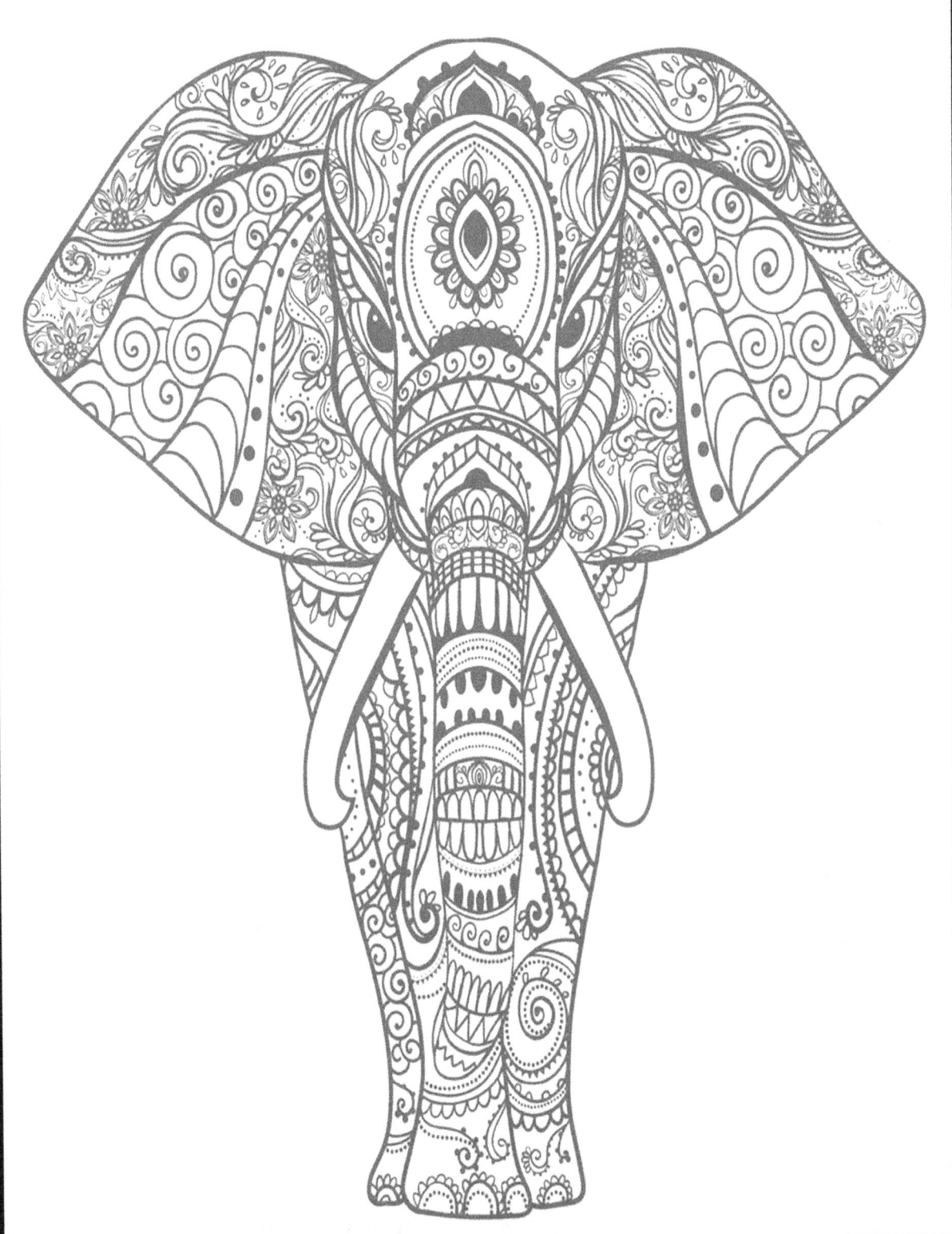

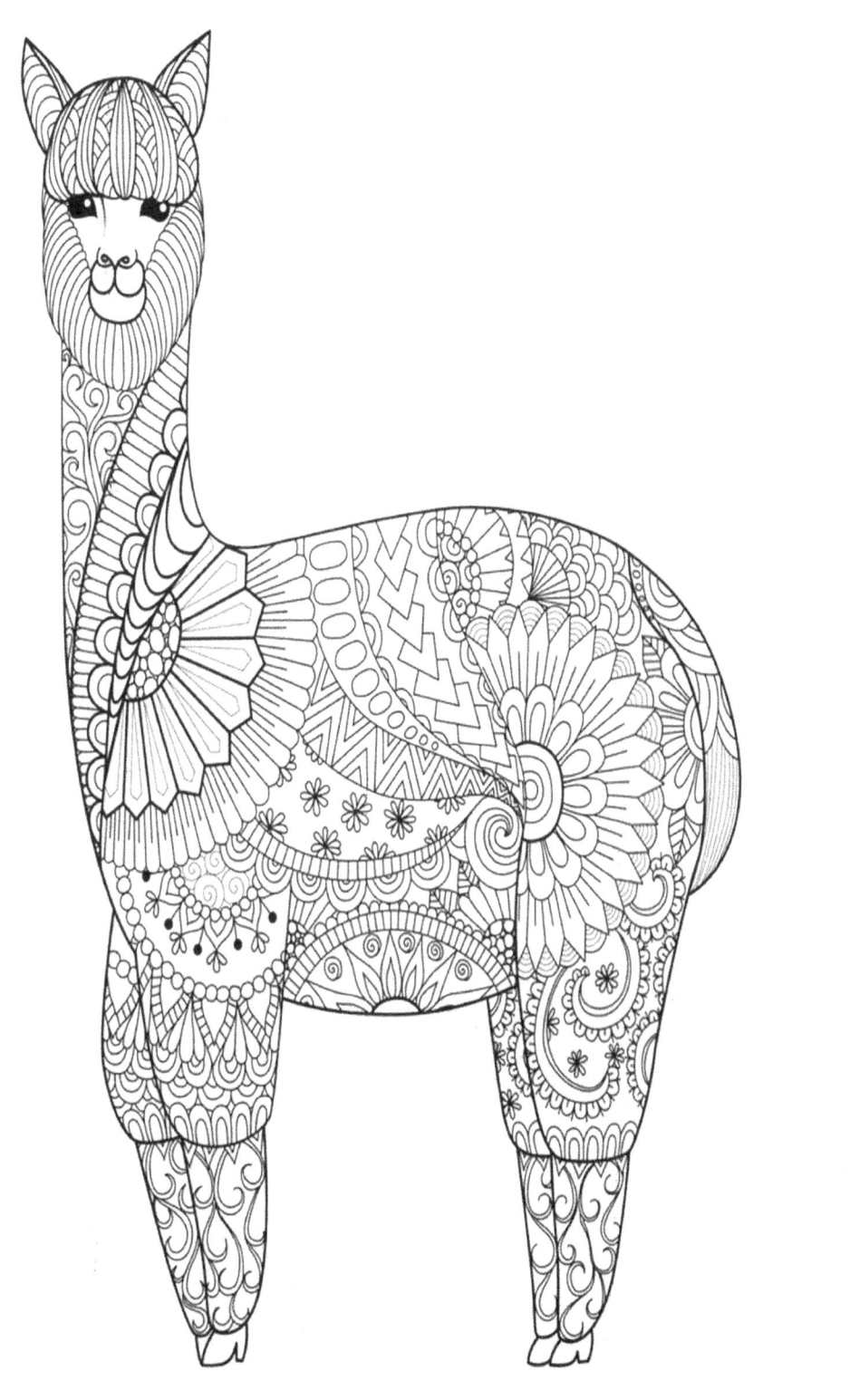

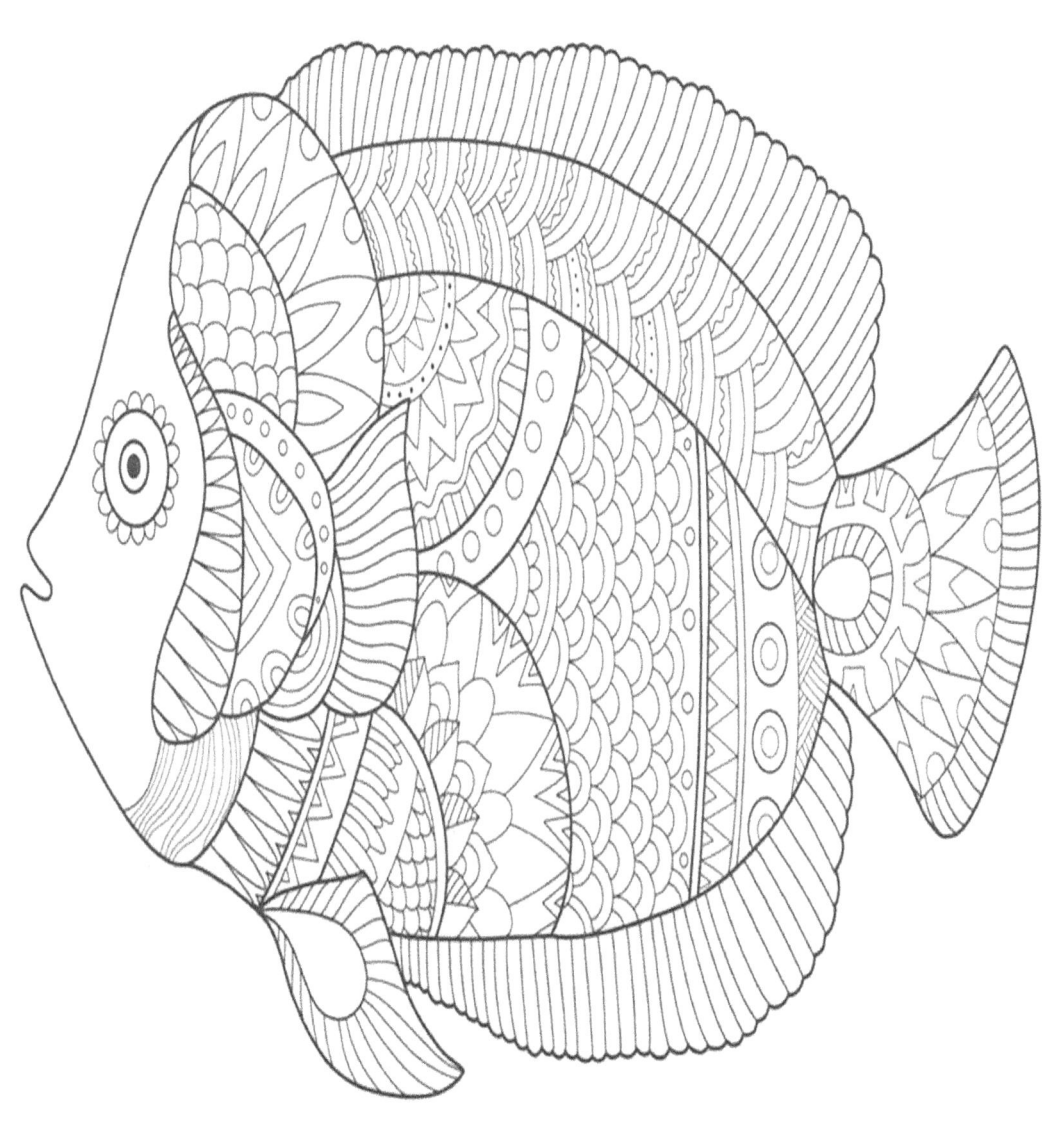

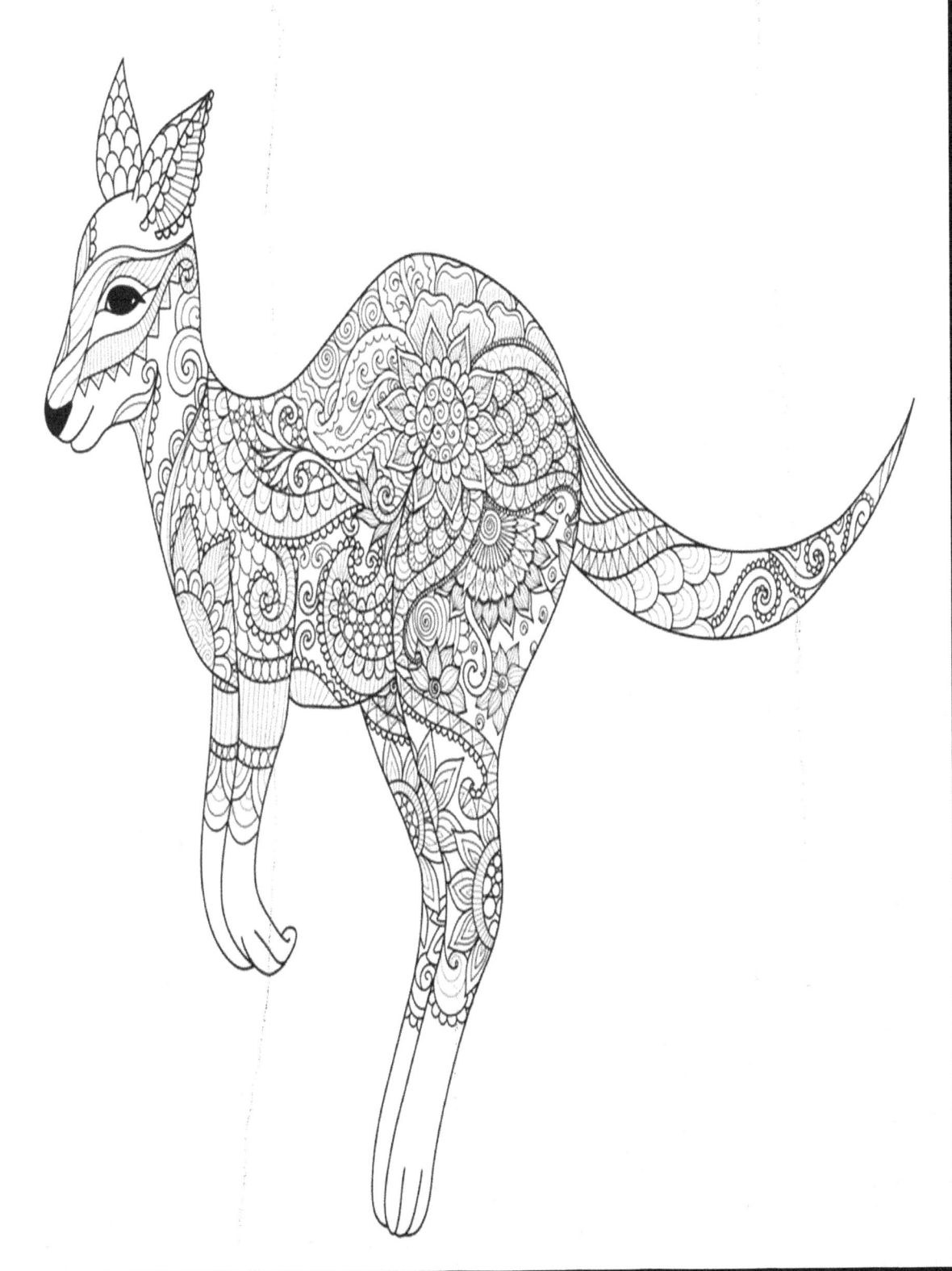

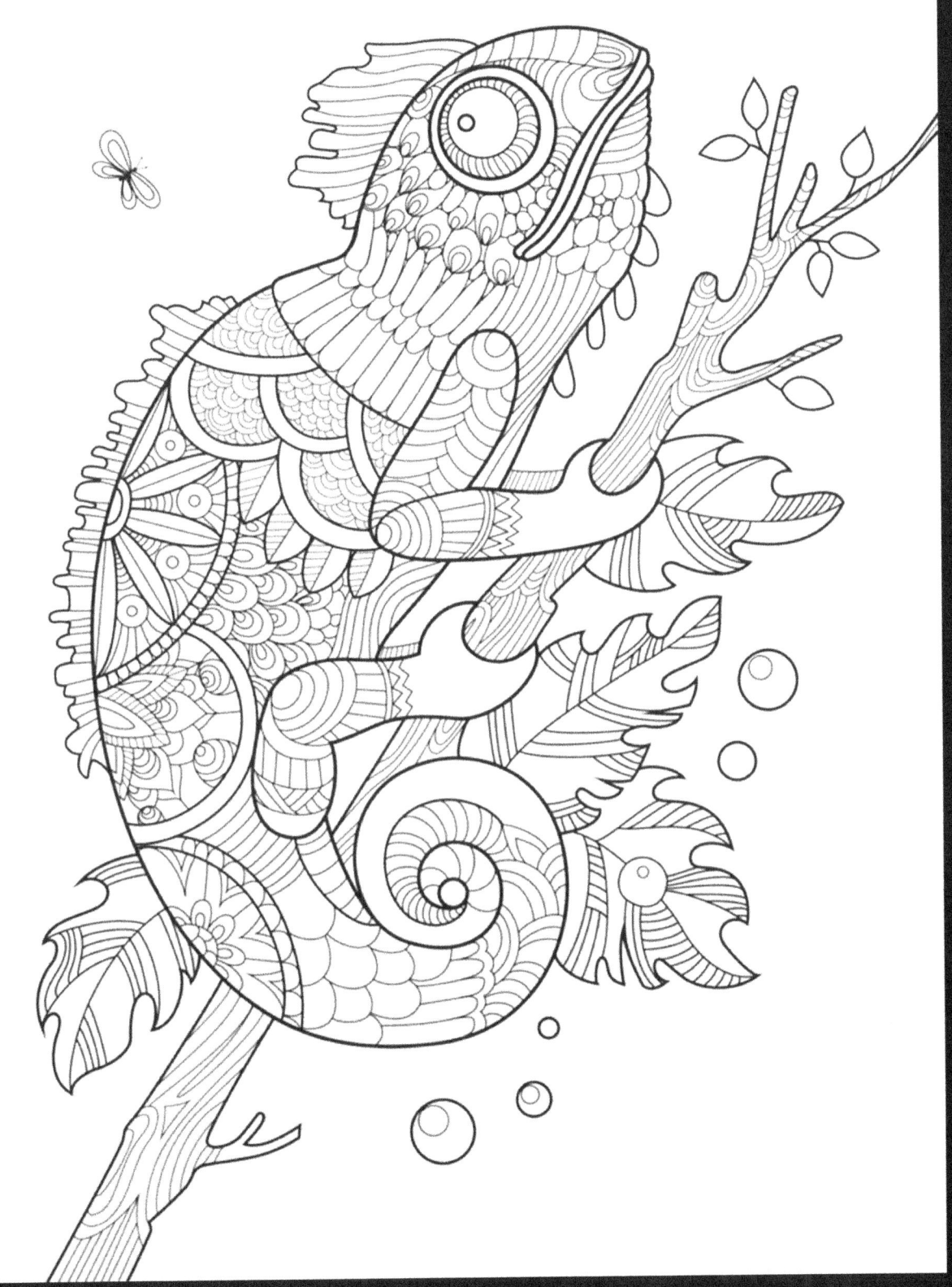

www.ingramcontent.com/pod-product-compliance
Lightning Source LLC
Chambersburg PA
CBHW080506220526
45465CB00006B/2394